南京稀见文献丛刊

江宁府七县地形考略
上元江宁乡土合志

（清末民初）陈作霖 撰

点校　韩文宁
审校　卢海鸣

南京出版传媒集团
南京出版社

图书在版编目（CIP）数据

江宁府七县地形考略·上元江宁乡土合志 /（清末
民初）陈作霖撰 . -- 南京：南京出版社，2021.4
（南京稀见文献丛刊）
ISBN 978-7-5533-3216-1

Ⅰ.①江…　Ⅱ.①陈…　Ⅲ.①南京－地方志－清代
Ⅳ.① K295.31

中国版本图书馆 CIP 数据核字（2021）第 047095 号

丛 书 名：南京稀见文献丛刊
书　　名：江宁府七县地形考略·上元江宁乡土合志
作　　者：（清末民初）陈作霖
出版发行：南京出版传媒集团
　　　　　南 京 出 版 社
　　社址：南京市太平门街53号　　　　邮编：210016
　　网址：http://www.njcbs.cn　　　　电子信箱：njcbs1988@163.com
　　联系电话：025-83283893、83283864（营销）　025-83112257（编务）

出 版 人：项晓宁
出 品 人：卢海鸣
责任编辑：严行健
装帧设计：王　俊
责任印制：杨福彬

排　　版：南京新华丰制版有限公司
印　　刷：南京工大印务有限公司
开　　本：890毫米×1240毫米　　1/32
印　　张：4.75
字　　数：96千
版　　次：2021年4月第1版
印　　次：2021年6月第3次印刷
书　　号：ISBN 978-7-5533-3216-1
定　　价：40.00元

用微信或京东
APP扫码购书

用淘宝APP
扫码购书

总　序

　　南京是我国著名的七大古都之一，又是国务院首批公布的 24 座历史文化名城之一。有将近 2500 年的建城史，约 450 年的建都史，号称"六朝古都""十朝都会"。南京的地方文献是中华历史文化资源的一个重要组成部分，是研究我国政治、经济、军事、文化和民风民俗的重要资料。为了贯彻落实党的十九大精神和习近平新时代中国特色社会主义思想，配合南京的经济发展与城市建设，深度挖掘历史文化资源，做好历史文献整理出版工作，不仅有利于传承、弘扬南京历史文化，提升南京品位，扩大南京影响力，也有利于推动物质文明、政治文明、精神文明、社会文明、生态文明协调发展。

　　长期以来，南京地方文献还没有系统地整理出版过，大量的南京珍贵文献散落在全国各地的图书馆和民间。许多珍贵的南京文献被束之高阁，无人问津，有的随着岁月的流逝而湮没无闻。广大读者想要查找阅读这些散见的地方文献，费时费力，十分不便。为开发和利用好这一祖先留给我们的文化瑰宝，充分发挥其资治、存史、教化、育人功能，南京出版传媒集团（南京出版社）与南京市地方志编纂委员会办公室组织了一批专家和相关人员，致力于搜集整理出版南京历史上稀有的、珍贵的经典文献，并把"南京稀见文献丛刊"精心打造成古都南京的文化品牌和特色名片。为此，我们在内容定位上是全方位、多视角地展示南京文化的深层内涵和丰富魅力；在读者定位上是广大知识分子、各级党政干部以及具有中等以上文化程度的人；在价值定位上，丛书兼顾学术研究、知识普及这两者的价值。这套丛书的版本力求是国内最早最好的版本，点校者力求是南京地方文化方面的专家学者，在装帧设计印刷上也力求高质量。

总之，我们力图通过这套丛书的出版，扩大稀见文献的流传范围，让更多的读者能够阅读到这些文献；增加稀见文献的存世数量，保存稀见文献；提升稀见文献的地位，突显稀见文献所具有的正史史料所没有的价值。

"南京稀见文献丛刊"编委会

导　读

　　《江宁府七县地形考略》一卷,《上元江宁乡土合志》六卷,两书皆为南京地方文史大家陈作霖所撰。

　　陈作霖(1837—1920),字雨生,号伯雨,晚号可园,人称可园先生,江苏南京人。历任崇文经塾教习,奎光书院山长(校长),上元、江宁两县学堂堂长等职。为清末民初著作家、藏书家、文学家、经学家、史志学家,有“金陵通儒”之称,著述有《可园文存》《可园备忘录》等。他毕生致力于搜集南京地方文献、金陵掌故和先贤著述,编辑史志资料,给后人留下了一笔宝贵财富,对今天的南京城市文化建设和发展,仍有重要的指导意义。

一

　　《江宁府七县地形考略》,由江楚编译书局印行,但未署年份,不知何年出版。江宁为省城首府,共辖七县,江之南曰上元、江宁、句容、溧水、高淳,江之北曰江浦、六合。七县之地形地貌,很少有人会十分留意,但作者有心辑录,合而记之。凡例处刻有“含山黄起凤、丹徒茅乃登,江阴缪九畴同校”。

　　黄起凤,生平不详。茅乃登,为桥梁大师茅以升之父,秀才出身,曾被聘为《中外日报》驻南京记者,后又做过江浙联军总司令部秘书部副部长,著有《江浙联军光复南京》一文。其父茅谦,举人,水利专家,公车上书执笔者,办过《南洋官报》。缪九畴字思范,号书屏,晚号获全旧主,郡诸生,精校勘学,尝随著名文献学家缪荃孙校经数十年,著有《获全旧话》等。

按此书凡例所言,"城乡山水,四境界址,皆取材府、县志中,未敢旁采他书,自炫淹博"。又云"舆地之书,每以考据擅长,秦汉以后、元明以前,聚讼纷如,莫成信谳。兹编就地论地,名从近时,只取通今,无庸稽古,俚俗之诮,甘受不辞"。仅此,足证其取材翔实,能力辟固陋之成规,以少许胜人多许。故欲知江宁地理者,若取此书浏览一遍,所费不过一二小时即可全知。

该书体例,除却"上元、江宁,同城倚郭,其间通衢僻路两相毗连,甚有交错华离、难分畛域者",故将两县合为一编外,其余五县则分别言之。该书无章节标识,其类目顺序为:江宁府城垣考、江宁府境诸山考、江宁府境诸水考、江宁府全境界址考、上元江宁城中街道考、上元江宁两县乡镇考、上元县境界址考、江宁县境界址考、句容城厢乡镇考、句容四境界址考、溧水城厢乡镇考、溧水四境界址考、江浦城厢乡镇考、江浦四境界址考、六合城厢乡镇考、六合四境界址考、高淳城厢乡镇考、高淳四境界址考。附图分别有:《江宁府境全图》《江宁府城图》《上元江宁两县图》《句容县图》《溧水县图》《江浦县图》《六合县境图》和《高淳县图》。

《江宁府七县地形考略》作为专述本地山川形势之书，此前绝无类属，故该书堪称开山之作。虽然文字不多，但勾勒抠要，记述翔实，区划四界清晰了然。后附相关地图，对应所载文字，形迹分明，且用词无赘言，通顺易读。

二

《上元江宁乡土合志》，宣统二年(1910)四月由江楚编译书局印行。计六卷，凡二十一章。卷一：历史上，包括本境疆域沿革、本境城垣沿革、本境历朝吏治。卷二：历史下，包括本境历朝兵事。卷三：地理，包括江宁府城中街道、元宁两县诸山、元宁两县诸水、元宁两县诸镇。卷四：人类上，包括本境世族、本境仕宦。卷五：人类下，包括本境文学、本境武侠、本境忠孝、本境高隐、本境宗教、本境贤媛。卷六：物产，包括本境植物品、本境动物品、本境矿物品、本境食物品、本境用物品。

该书依照方志基本体例，由卷、章、节三级类目组成，且与当时全国编纂乡土史地教材指导方案相吻合，便于阅读。作者熟稔本域史地，强调著述"事必求其详核，文必期于简雅"，故后人对其评价甚高，盛赞"括通纪、通传、府县志之精英，纳之尺幅，简要清通，包孕宏富，虽小著作，不失史法，可贵也"。

该书内容简繁相宜，旧志中较清晰者相对简括，而缺失部分则详备。全书有以下特点：

第一，专述本境历朝吏治。为官一任，造福一方，政绩各有所长，本书选择部分具有代表性和典型性人物言其事功。另专设"本境仕宦"一章，乡人可知晓本籍人士在外地为官者。

第二，对历朝兵事详加论述。金陵乃东南重地，历朝为兵家必争，故屡遭兵事袭扰。该书卷二历史下用了整个篇幅，起自孙策取江东，止于太平天国覆亡，计有四十二节之多。

第三，对名媛设专节介绍。旧时志书，立传者多偏于贞女节妇，岂能概妇人之能事。本书所列女性则以教育文化见长，如宋朝赵定之母，博通文史，教授生徒，赵定任职海州时，母亲教诲曰：毋饰虚以沽名，毋事妄以奉上，处内在尽礼，处外在治民。赵定听从其教，为政有名。再如清代王贞仪，是一位通星象、精历算的女数学家，著有《西洋筹算增删》《重订策算证讹》等书。

第四，对本境世族详加介绍。其内容散见各种典籍，现汇总集中，一目廓清。另作者将儒族和义行之家一并列入，足见其对士人与德行传承的重视。又高隐与武侠，本不入流，而作者另眼相看，以专章奉上。

有关南京府（县）之志，南宋有周应合《景定建康志》，元代有张铉《至正金陵新志》。明代除正德、万历修上元、江宁两县志外，后有汪宗伊修《应天府志》。至清代，分别有康熙七年（1668）陈开虞纂修《江宁府志》三十四卷；乾隆十三年（1748）袁枚修纂《江宁县新志》二十六卷；乾隆十六年（1751）蓝应袭修，何梦篆、程廷祚等纂《上元县志》三十卷；嘉庆十六年（1811）吕燕昭修，姚鼐纂《江宁府志》五十六卷；道光四年（1824）武念祖、陈道恒修，陈栻、伍光瑜等纂

《上元志》二十四卷;还有同治甲戌(1874)莫芝祥、甘绍盘合纂《上江两县志》三十卷。上述诸志多是官修,而本书则为私撰,以一己之力编一地之志。从篇幅而观,皆超越其所著《金陵琐志五种》,因作者前期已有《金陵通纪》和《金陵通传》二书问世,又是《上江两县志》分撰,故有较深史料和编纂积淀。乡土志是反映属地自然地理人文物产等概况的一种志书,其目的是为当地修志筹集资料,备以裁采,以资存史。从这个角度而言,本书充分体现了"乡土志"特点,涵盖境域各类信息,彰显乡土韵味,记载堪称完备,其意义不凡。

最后,有三点需要说明一下。一是《江宁府七县地形考略》与《上元江宁乡土合志》二书都有介绍江宁府城垣,城中街道,元宁两县诸山、诸水和诸镇之相关内容,仅是文字表述间有不同。二是《上元江宁乡土合志》卷六为物产,其中"柴薪""机业""鱼物"诸篇,在作者所著《凤麓小志》卷三中皆有载,该书撰于1886—1899年之间,故本书当是直接引用。作者另一刊于1908年的《金陵物产风土志》,与该卷文字几乎完全相同,应是在单独出版后又将其内容合于本书中。三是书中有些文字,囿于历史语境,其表述与今日有异,如太平天国运动等,请阅读时区别对待。

《江宁府七县地形考略》与《上元江宁乡土合志》两书均以江楚编译书局本为底本,进行点校。对于原书中的避讳情况,如"玄武湖"避康熙玄烨讳写作"元武湖",如"弘治"避乾隆弘历讳写作"宏治",本次整理直接改回。

韩文宁

总目录

江宁府七县地形考略……………………………………… 1

上元江宁乡土合志……………………………………… 35

江甯府七縣地形考畧

江甯府城垣考

江甯府城明之南都也周九十六里有門十三南面之東曰正陽門本洪武門直明故宮迤西曰通濟門旁篤東水關秦淮水入城處也正南曰聚寶門以城外聚寶山而名南之西曰三山門俗名水西門矮城也西水關伏其下秦淮水穿之以出城稍西又有鐵窗櫺蓋運瀆之水所由以洩者再西曰石城門俗名旱西門與石城山相連其斜出者曰清涼門或曰清涼山倚於睥睨間正西曰定淮門枕古石頭門江門今江城今呼鬼臉城西北曰儀鳳門外瀕江滸省垣要津也折而東

面二曰江東曰柵欄城卽石關北面四曰上元曰觀音曰佛寕

曰外金川周一百八十里基址久夷惟見岡阜絡繹俗猶

呼土城頭云

江寕府境諸山考

昔人謂黃山爲金陵元脈自微寕蜿蜒而來先至於溧水

之中山在溧水縣城東十里卽所謂獨山是也相近者爲東廬山溧在溧

水縣城東十里稍東有烏龍山在溧水縣城東二十五里其東南關入高淳

二十里

境者曰大芝山在溧水縣城東南九十里高淳水鄉也分溧水之半而

立治名山皆在溧境中由溧水烏山在溧水縣城北二十里北入句

容之界有赤山一名絳巖山在句容縣城西南三十里東望巍峩則爲

《江宁府七县地形考略》书影

上元江甯鄉土合志卷一

江甯

歷史上

第一章 本境疆域沿革

第一節 三代秦漢州郡

黃帝受命披山通道乃推分星野自斗三度至女一度爲

江南唐虞夏商相繼皆屬揚州周武王有天下封吳國於

其地春秋末爲越所滅未幾楚滅越置金陵邑金陵之名

始此及秦始皇滅楚分天下爲三十六郡改金陵邑爲秣

陵縣屬鄣郡丹陽地錯當塗江乘地錯句容皆在境內逮
今小丹陽　今謚江城

漢武帝元朔元年分丹陽秣陵及湖孰湖孰鎮（今上元）爲侯國俄

復爲縣元封二年更鄣郡爲丹陽江乘秣陵丹陽胡孰

仍隸之五年置十三部刺史以丹陽郡屬揚州東漢因之

迄獻帝建安二年孫策據江東揚州地皆屬吳十六年孫

權徙揚州治秣陵十七年改秣陵爲建業省湖孰江乘二（案丹楊郡）

縣二十六年移丹楊郡於建業後遂建都於此以赤柳得（木與丹陽縣從阜者異 名自徙治金陵後字皆從）

第二節　晉郡縣

晉武帝太康元年平吳改建業爲秣陵又分秣陵爲臨江

縣二年併揚州於秣陵（時江北壽春 亦設揚州）更臨江爲江甯（江甯在今）

南京稀见文献丛刊

江宁府七县地形考略

（清末民初）陈作霖 撰

点校　韩文宁
审校　卢海鸣

南京出版传媒集团
南京出版社

目　录

江宁府城垣考 ………………………………… 7

江宁府境诸山考 ……………………………… 8

江宁府境诸水考 ……………………………… 9

江宁府全境界址考 …………………………… 12

上元江宁城中街道考 ………………………… 13

上元江宁两县乡镇考 ………………………… 14

上元县境界址考 ……………………………… 15

江宁县境界址考 ……………………………… 16

句容城厢乡镇考 ……………………………… 18

句容四境界址考 ……………………………… 18

溧水城厢乡镇考 ……………………………… 19

溧水四境界址考 ……………………………… 20

江浦城厢乡镇考 ……………………………… 21

江浦四境界址考 ……………………………… 22

六合城厢乡镇考 ……………………………… 23

六合四境界址考 ……………………………… 24

高淳城厢乡镇考 ……………………………… 25

高淳四境界址考 ……………………………… 26

附图 …………………………………………… 27

凡　例

　　儒者侈言六合以外，而于生长之地形势、方位茫然不知。然不知忽近图远，君子所病。兹编为专课江宁七属之人起见，城乡山水、四境界址，皆取材府、县志中，未敢旁采他书，自炫淹博。

　　舆地之书，每以考据擅长，秦汉以后、元明以前，聚讼纷如，莫成信谳。兹编就地论地，名从近时，只取通今，无庸稽古，俚俗之诮，甘受不辞。

　　峰峦脉络、川流源委，非一邑所能限也。丸泥塞关，玉斧分河，势难以武断出之。故合七县之山水，统归于府属而形势乃全。

　　上元、江宁，同城倚郭，其间通衢僻路两相毗连，甚有交错华离、难分畛域者，故街道、乡镇两县合为一编，而句容以下五县不同此例。

　　七县界址、里数分明，而径直迂曲之殊，有非可一概论者，兹编则分别言之。鸟飞人行各极其是，四至八到案籍可稽，小以成小，不得举《景定建康志》《至正金陵新志》以相绳也。

　　含山黄起凤、丹徒茅乃登、江阴缪九畴同校。

江宁府城垣考

江宁府城,明之南都也,周九十六里,有门十三。南面之东曰正阳门本洪武门,直明故宫之南,今驻防城内,迤西曰通济门,旁为东水关,秦淮水入城处也。正南曰聚宝门,以城外聚宝山而名。南之西曰三山门俗名水西门,矮城也。西水关伏其下,秦淮水穿之以出城。稍西又有铁窗棂,盖运渎之水所由以泄者。再西曰石城门俗名旱西门,与石城山相连。其斜出者曰清凉门或曰清江门,清凉山倚于睥睨间。正西曰定淮门,枕古石头城今呼鬼脸城。西北曰仪凤门,外濒江浒,省垣要津也。折而东曰钟阜门,括狮子山于内。又折而东曰金川门,直城之北面。又东曰神策门以国初破郑成功由此门出,曰得胜门,下临玄武湖,与城内鸡鸣山相望。复绕覆舟山而东有太平门,其间为北水关,以铜管引玄武湖水达于青溪。再缘城行跨龙广山之脊今呼龙膊子坡陀以下,至正东门曰朝阳门直明故宫东华门外,北倚钟山即紫金山及前湖湖因明筑宫城而填,仅留一泓于城外,遂西折至正阳门而一周焉。门凡塞其四清凉、定淮、钟阜、金川,今所开者九门而已。其外郭西北则据山带江,东南则阻山控野,辟十有八门,东面五,曰姚坊、曰仙鹤、曰麒麟、曰沧波、曰高桥;南面七,曰上方、曰夹冈、曰双桥、曰凤台、曰驯象、曰大安德、曰小安德;西面二,曰江东、曰栅栏即石城关。北面四,曰上元、曰观音、曰佛宁、曰外金川。周一百八十里，基址久夷，惟见冈阜络绎，俗犹呼土城头云。

江宁府境诸山考

昔人谓黄山为金陵元脉，自徽宁蜿蜒而来，先至于溧水之中山在溧水县城东十里，即所谓独山是也。相近者为东庐山在溧水县城东二十里，稍东有乌龙山在溧水县城东二十五里。其东南，闯入高淳境者，曰大芝山在溧水县城东南九十里。高淳，水乡也，分溧水之半而立治名，山皆在溧境中。由溧水乌山在溧水县城北二十里北入句容之界，有赤山，一名绛岩山在句容县城西南三十里。东望巍峨，则为三茅之峰，初名句曲山，仙家谓之"华阳洞天"在句容县城东南四十五里，句容所由以得名者焉。其毗连者，有良常、秦望诸山皆在茅山侧，夹于仑山、胄山之间仑山在句容县东北五十里，胄山在句容县北三十五里为宝华山俗呼花山，在句容县城北六十里。自是西南行入上元境，过汤山下有汤泉，在上元县城东六十里，以至于天印。天印者，方山也在上元县城东南四十五里。其南界江宁者，曰土山在上元县东四十里，其北有青龙山在上元外郭麒麟门东南。耸崎乎大江之滨者，曰栖霞山，古之摄山也在上元城东北四十里，相近有乌龙山在上元城东北三十里。沿江西上至观音门有直渎山，其东麓曰燕子矶在上元城北二十里。稍转而南，山石崎岖，沿山有十二洞者为幕府山在上元神策门外。跨城而西顾者，曰狮子山，即古卢龙山，以形似而赐是名在上元仪凤门内。绕城东转有大壮观山在上元西北神策、太平二门间，西北俯后湖。东南凭城垣为一府之镇者，曰钟山俗呼紫金山，在上元东北朝阳门外。由钟山入城而右有覆舟山，一名龙舟山在上元太平门内，相属者有鸡鸣山，或谓之鸡笼山在覆舟西二百余步。迤西，则小仓山在鸡鸣山西南、石头山即清凉山，在上元西北城内，以达于冶城山在上元西石城门内。由冶城山南逾秦淮，至江宁之凤台山，土人名为花盝冈在江宁县西南。隔城相连者为古长干，雨花山之分支也。雨花山古名石子冈，亦曰聚宝山在江宁城南门外里许，有赤石矶耸于东北在江宁南门东南隅。其南则冈峦合沓，背立而独高者为天阙山，今谓之牛首在江宁城南三十里，相望者曰祖堂山距牛首五里。又五峰联峙于东南，曰吉山在江宁东善桥之上村。迤西南行有朱门山在江宁城南六十里，转而东有云台山亦在江宁城南六十里，又南曰横山，古谓之衡山在江宁城东一百二十里，与溧水、当涂分界。由朱门西上有慈姥山在江宁城西一百一十里，循慈姥浦西北行，遂至于烈山在江宁城西南七十里。又濒江而西曰三山，其间有仙人矶在江宁镇、板桥之间。由是隔江相望，则江浦、六合一带连垄不断者，曰龙洞山在江浦城西十里，曰骆驼岭在江浦城东北二十五里，曰定山即六合山，在六合县南五十里，曰桃叶山即晋王山，在六合县西南六十五里。稍东有瓜步山在六合县东南二十里、红山即赤岸山，亦在六合县南二十里、石帆山在六合县东南二十五里。近六合城有灵岩山在六合县东十里，其西北则练山在六合县西北三十里、巴山在六合县西北四十五里，再北则至于冶山在六合县北五十里。此皆崇峰峻岭，灵秀所钟，在天有兴云作雨之神，在地有扼险当冲之要，故略陈其大概如右。若夫小小冈阜，无关形势，则不复详记云。

江宁府境诸水考

大江西自安徽来，南岸过太平、北岸过和州，而入于江苏江宁府境。其南岸在江宁县界者，首受慈姥港水今日和尚港东下为镰刀湾。又东过烈山港，又东北至白鹭洲，又东北受江宁镇溪水溪水源出朱门山，即古之江宁浦也。过三山至板桥浦，又东北至新林浦浦水源出牛头山，今谓之大胜关港。其滨江地凿渠，上引江宁镇水下达淮水者，曰上新河。江水又北迤东下过龙江关，淮水支流入焉，曰北河口。又北至下关，淮水入焉。淮水有二源：其西源出溧水东庐山，西北流过溧水城，东北过乌剎桥，与胭脂河合。胭脂河者，高淳石臼湖之支流也。石臼湖与丹阳湖连，其东南有固城湖，本古之中江，今为东坝所遏。其水西入溧水界，又东至洪蓝埠入山。又东北流过天生桥出山，受溧水城西南山溪水。又北流过沙河桥，东出通城濠，西北出入于淮水。淮水又北过石湫坝入上元界，经古秣陵又北，至方山下受东源水。淮水东源，出句容华山，南流绕县东又南合茅山水，西北入上元界，径胡熟镇，赤山湖水合，石溪水自长溪来会之。淮水又西流折而北至方山埭，与西源合流，遂北过淳化镇，又西北过上方门至府城通济门，西流入江宁界。其在城外者为城濠水。城濠水南流折而西，过聚宝门与落马涧合。又西分支流，从赛工桥、三山桥西由北河口入江。其正濠水则北流至西水关，与城内淮水合。城内淮水自通济门入东水关，与杨吴城濠水合。杨吴城濠水自乾河崖①南转出北门桥，又南过莲花桥与进香河合进香河由十庙、九眼井出，经进香桥、石桥、西仓桥、红板桥、仙鹤桥、进贤桥至莲花桥，合于濠水。又南过浮桥，与珍珠河合珍珠河，古之潮沟也，自太平门北水关入城，经土桥、珍珠桥，至浮桥合于濠水。又西转至竹桥，

---

① 乾河崖：今作"干河沿"。

青溪支流自驻防城下入焉。又西过复成桥，明御河水来会之御河水在旧内，东出青龙桥，西出白虎桥，至百川桥[①]入濠水。又南[②]过大中桥，至东水关与淮水合。淮水又西过利涉桥，至淮青桥与青溪水合。青溪水发源钟山，挟玄武湖水以入城，北通潮沟，近多湮塞，惟一支入杨吴城濠，一自内桥至升平桥，与护龙河合。复过四象桥，至淮青桥入于淮水。淮水又西南，过文德桥、武定桥，经镇淮桥西北过新桥、上浮桥至斗门桥，与运渎水合。运渎水在上元、江宁之境，由内桥引青溪，过鸽子桥至笪桥，再西穿鼎新桥、道济桥、文津桥、望仙桥、张公桥直抵西城，从铁窗棂而出以入于城濠。又分流自笪桥西南，过草桥、红土桥至斗门桥入于淮水。淮水又西过下浮桥，穿银台牐出西水关，复与城外濠水合，遂沿石头城以达于江。江水由下关入上元界东，至观音门与草鞋峡夹江会。又东至摄山北，新开河水引与通焉。新开河一名便民港，在上元、句容之间。江水又东下为黄天荡，黄天荡南对龙潭，引渠交新开河，是为邪沟。江水又东流至于下蜀港，入镇江界。江水北岸，由和州入江浦界，曰西江口。石迹、白马、穴子、驻马四河之水，皆由此入焉。又下为新河口，又下为浦口，浦子河之水由此入焉浦子河水，源出定山卓锡、珍珠二泉，由浦子口城西东流入江。江水又过浦口东入六合界，曰皇厂河，曰二套口，曰断潆口。沙河自长芦镇来，注之滁口之水入焉。滁水出滁州清流关东北，南流至汊河集，与全椒襄水合，入江浦北界。又东流入六合西界，其枝分之水由朱家山

---

① 百川桥：应为"柏川桥"。

② 南：原文误作"西"。

过浦口城东而入江。滁水又东流,过土坝与阜河合阜河在六合县西北,上通竹镇诸河,其水建瓴而下,故筑土坝以蓄之。阜河西接三汊河,有竹镇水自东南来注之。滁水又东流过龙津桥,与冶浦河合。冶浦河源出冶山西南,流至八百桥,又南流入于滁水。滁水又东南流,与鸭子河合。又东南流过瓜埠,以达于江。江水又东流,为宣化漾。又东出为东沟,入仪征界。综而计之,江水为干,江南、北诸水为枝,绮交脉注,胥恃此为委输,灌田畴、通行旅,其关系于农商甚重。而炮堤、战舰扼要分屯,尤于兵政为急,则地水之义,岂不大哉!

江宁府全境界址考

江宁,为省城首府,辖县七,江之南,曰上元、江宁、句容、溧水、高淳;江之北,曰江浦、六合。北界天长、盱眙、仪征,西界来安、滁州、全椒、和州、当涂,南界宣城、建平,东界溧阳、金坛、丹徒南北直占最长处二百六十里,斜占最长处二百八十余里,中截东西平占一百八十里,北截东西平占八十余里,南截东西平占七十余里,统计积地二万三千八百方里。以少广法计之,一百五十余里也。境辖长江南岸一百七十余里,北岸一百五十里。江浦、浦口为近处犄角,扬州、镇江为远处犄角,险要形势全在临江一面,故前人画江北两县分属于南,殆有深意。溯东来要口,以螺蛳沟与仪征南门港相对盘线直丑未①江面八里,为第一重门户。栖霞山与划子口相对江面六里,为第二重门户此处南岸虽无港口,而凭山

---

① 根据罗盘方位,"丑未"即为"东北偏北对西南偏南"。

瞭望,声势可联。又西则观音门至下关一带,崇山障其内,沙洲蔽其外,草鞋峡天生设伏之所,不能以门户称也。其下关口斜距浦口城江面十三里,又为近城门户,更折而西南则大胜关、牧龙亭、铜井诸处,江面不过七八里,均可两面控扼。更联扬州、镇江,为外户江防綦密矣。四境冈峦重叠,紫金、巴斗二山为近城捍卫,栖霞、乌龙二山为滨江垣墙,华山、仑山为东面屏藩,西山、横山为南面保障,其间逶迤起伏,中藏平陆,要道数处。炭渚东来,镇江之要道也,以华山扼其吭;白兔镇东来,丹阳之要道也,以句容当其冲;其南境皖省来路,虽枝干纷歧,有高淳、溧水据其前;西南一角无冲可扼,惟小丹阳、铜井二镇,较为入境之要道,此其形势大概也。

上元江宁城中街道考

江宁府城中街道,上元、江宁两县分辖之。以中正街为界,东历万寿宫转大中桥,抵通济门;西历上元县署前、珠宝廊、羊市桥、红纸廊、堂子大街,抵旱西门。上元治其北,江宁治其南。而清凉山北、仪凤门南,东包陶坞,西界石头山,又为江宁所辖,与其南城界不相属,盖悬居上元界中矣_{案,宋元旧城止于北门桥,城中两县实以南北分界。迨明初建城,北廓十余里,江宁村郭包入城中,故与其南界不相属也。}其上元界中东西街,则极北有洪武街,东南至浮桥,西至莲花桥;次北有西华门大街,在督院前,东入驻防城,西过大行宫为土街;又西历双石鼓街,至罗寺转湾^①,南折又

---

① 湾:今作"弯"。

西达旱西门。南北街则东北有花牌楼街，北历吉祥街，抵大行宫前，转碑亭巷至成贤街；南过门楼桥，出中正街；正北有北门桥街，北历忓①经楼、鼓楼，过和会街抵仪凤门，南历故②衣廊、糖坊桥、新街口、漾米桥，过高井大街抵下街口红纸廊。其江宁界中东西街，则南有讲堂大街，西过斗门桥，历油市达水西门，东过果子行，历坊口、驴子市、承恩寺、奇望街、淮清桥、致和街，抵大中桥；稍南有贡院前街，沿秦淮北东牌楼、信府河西南，交南门大街③；西至蔑④街、牛市、玉带巷，抵斗门桥、渡船口而止；极南有钞库街，东自东水关，沿秦淮南石坝街，西南过大油坊巷、英府街⑤，交南门大街；西至沙湾、钓鱼台、船板巷、柳叶街，抵下浮桥之北，临西水关而止。南北街则西有评事街，南过大彩霞街转入上浮桥，出柳叶街，北至笪桥，出下街口；东有内桥大街；南为府东大街；又南为三山街，达南门，北出上元县署前。此皆衢路之四达者，故略志其大概。至于经纬交错，闾巷贯通，地僻城隅，迷茫莫辨。虽生长其间，趾踵亦未能遍历也。

上元江宁两县乡镇考

上元所辖之乡，凡十有七，而四镇即错于其间。龙都镇为泉水乡，秦城冈为道德乡，红杨墅为静洁乡，湖熟镇为丹阳

---

① 忓：今作"唱"。
② 故：今作"估"。
③ 南门大街：原书误作"南城大街"。
④ 蔑：当作"篾"。
⑤ 英府街：今名为"膺福街"，下同。

乡，南侯村、北侯村、时庄为清化乡，淳化镇及咸田、宋墅为凤城乡，高桥门为惟政乡，沧波门为兴贤乡，麒麟铺为开林乡，土山、解溪、上下蒲塘为崇礼乡，汤水为神泉乡，平家冈、西流、东流等村为宣义乡，石步镇为长林乡，姚坊门为清风乡，神策库、周家山、阳明塘为慈仁乡，旗手卫、临山桥、小复成桥为金陵乡，仙鹤门为北城乡，此皆府城东北附郭内外之地也。若江宁则分四路，在东路，有陈墟桥，为太北、新亭二乡；有殷巷，为随车、万善二乡；有秣陵镇，为驯翚、太南二乡；有禄口镇，为葛仙乡；有周干圩，为永丰乡；有砂子冈，为凤东乡。在中路，有东善桥，亦太南乡；有元山镇、陶吴镇，为朱门、处真二乡；有横水桥，为山北乡；有小丹阳，为山南乡。在西南路，有六塘桥，为铜山乡；有铜井、牧龙亭，亦处真乡；有朱门镇，亦朱门乡；有江宁镇，为惠化乡。在西北路，有安德门，为安德乡；有凤台门、西善桥，为凤西乡；有盘龙庙、板桥，为光泽乡；有谷里村，为建业、归善二乡。其西南附郭地，有双桥门之菜园务，为开元乡；有上新河，为沙洲乡，合之为二十二乡。彼四郊孤离之地，则不在此数云。

上元县境界址考

上元县，江宁府附郭首邑，境辖城东一面，北宽南狭。自汉河口至乌刹桥一线，下垂又有越辖之地，故袤广斜直，难以言状。自神策门北至观音门江边，径直十四里。自聚宝门东南至丁公山溧水、当涂两界口，径直七十四里。自朝阳门东至汤水镇句容界口，径直四十里。其三山、聚宝两门，即与江宁分界。又自下关江口，东历观音门至三江口，计迁曲江边八十余里，与仪征、六合分界。江心自三江口，南历龙潭、汤水、土桥至高阳桥，计迁曲界边一百五十余里，为句容界。自高阳桥西南至乌刹桥，计迁曲界边二十里，为江宁界。自乌刹桥西南至丁公山，计迁曲界边二十余里，为当涂界。自横溪桥东历乌刹桥，北循秦淮而上至下关江口，计迁曲界边一百三十里，亦为江宁界。统计积地三千三百四十一方里，合一万八千顷。长江形势，旧以燕子矶为险要，近则沙洲漫涨，此处已成夹江，矶在平陆。长江深流，徙在八卦洲之外，故江防须与仪征、六合、江浦分扼。下关与浦口相对，两岸江滩俱有涨沙，芦苇丛杂，夹江纷歧，防江师船所宜注意者。城东南、东北，众山环拱，绵亘江边，沿江东面并无通口。惟下关一河，南接秦淮，通句、溧各境，与江宁分辖，自为统境干流，亦出江要害也。其陆路，以龙潭、汤水为西来要镇，淳化为南来要镇，栖霞、巴斗各山临江屏列，与江北之灵岩山对峙，足资瞭望。石臼湖在溧水境，赤山湖在句容境，两湖之水汇入，三汊口来源也。由三汊口归秦淮河，北流出江，去委也。境内山多水少，形胜实甲于东南云。

江宁县境界址考

江宁县，亦府城附郭，与上元同城，境辖城西南一面。自聚宝门直南至碾砣桥当涂、上元两界口，径直六十三里。东南至上方镇上元界口，径直二十二里。南少东至三县塘上元、句容两界口，径直四十九里。南少西至陶山当涂界口，径直五十八里。西南至和尚港当涂界口,径直六十三里。自和尚港口北,东历烈山、大胜关至下关口,计迂曲江边七十余里,与江浦分界。江心自下关,沿秦淮河东南至上方门,自上方门不沿秦淮,由上方镇至土山镇,自土山镇迤南仍沿秦淮至乌刹桥,自乌刹桥不沿秦淮,西出碾砣桥,共计迂曲界边一百四十余里,为上元界。自碾砣桥西南至小丹阳,自小丹阳西北至和尚港口,计迂曲界边六十余里,为当涂界。其东猴山、严郎渡一带,复有辖地一百六十余方里,在上元、溧水、句容境内,隔秦淮一河界,不联属。全境地形势斜方而缺东面一角_{南北最长处九十四里,东西最广处七十里},统计积地三千四百十四方里,合一万六千四百余顷。沿江一面与江浦分阨。下关口为入境要津,西北对浦口江面,径直十三里_{罗盘线直乾巽①}。西南对江浦江面,径直二十一里有奇_{罗盘线直寅申②}。三口相距,自成犄角之势,驻防最为紧要。其大胜关、板桥、江宁镇、牧龙亭、铜井诸镇,俱近接江边,江船至此均可收泊,惟不能径达内地,故其要次于下关。境内水道惟以上元分辖之,秦淮为干流,支河甚少。自聚宝门下抵小丹阳,众山络绎,阔约一二十里不等,绵亘境中。故长江支港不能东达,秦淮分流不能西通,必自下关绕道也。其陆路支干,纷岐四出,无险可扼,惟横溪桥当当涂之来路,乌刹桥当溧阳之来路,较为扼要云。

---

① 根据罗盘方位,"乾巽"即为"西北对东南"。
② 根据罗盘方位,"寅申"即为"东北对西南"。

句容城厢乡镇考

句容县,得名最古,城在诸山中。有门五,东门曰太平,西门曰致远,南门曰登瀛,北门曰广运,小南门曰华阳。城内通衢无多,在县前曰大街,在崇明寺前曰寺街,西通青元观曰观街,在南门曰义台街。境内凡十六乡,通德乡在县西二十里,福祚乡在县西南二十里,临泉乡在县西南五十里,上容乡在县南四十里,崇德乡亦在县南四十里,承仙乡在县南七十里,政仁乡在县南九十里,茅山乡在县东南五十里,句容乡在县东南三十里,来苏乡在县东三十里,望仙乡在县东北四十里,凤坛乡亦在县东北四十里,移风乡在县东北三十里,孝义乡在县北三十里,仁信乡在县北五十里,琅邪乡在县西北五十里。又有大镇六,距县治北六十里,曰下蜀镇;北七十里,曰龙潭镇;东南四十里,曰常宁镇;东北四十里,曰白兔镇;西二十里,曰土桥镇;西北六十里,曰东阳镇。盖江宁府属一大县云。

句容四境界址考

句容县,距江宁七十里。自北门,北至螺蛳沟出江,径直五十四里。东北至炭渚镇丹徒界口,径直四十九里。西北至张桥上元界口,径直四十里。自西门,西至土桥镇上元界口,径直十六里,西南至猴山三县塘上元、溧水两界口,径直四十四里。自南门,南至分界山溧水、溧阳两界口,径直七十二里。东南至茅山金坛界口,径直四十里。自东门,东至白兔镇丹徒界口,径直三十八里。自三江口东至炭渚沟,计迁曲江边三十里,与仪征分界。江心自炭渚沟,南历白兔至花山,计迁曲界边八十里,为丹徒界。自花山南,历茅山、方山至丫髻山口,计迁曲界边五十余里,为金坛界。自丫髻山口西南至分界山,计迁曲界边三十余里,为溧阳界。自分界山北,东历巫山、夹山至三县塘口,计迁曲界边九十里,为溧水界。自三县塘北,历土桥、汤水、龙潭诸镇至三江口,计迁曲界边一百八十余里,为上元界南北最长处一百三十二里,东西最广处六十里。统计积地四千八百七十六方里,合二万六千三百余顷。四境峰峦环绕,惟中为平原。自白兔镇西历县治至土桥,为丹徒、丹阳达省之要路。北塘堰西来,为金坛入境之要路。分界山北来,为溧阳入境之要路。殷家荡东北来,为溧水入境之要路。而天王寺镇距城南二十里,为总控南东西三面来路之险要,绿营汛守所宜注意。北境江防,以螺蛳沟与泗源沟相对,为扼要之处。境内河渠为四山所阻,北境江水南不灌城,中境山水流不出境,惟西面自湖熟镇迁道由秦淮河出江者,为全境去委。而治西南有赤山湖,周边二十九里,山水会归其干流,俱由赤山湖分支。一北,经三岔镇北,东绕出县治,又北抵亭子村而止;一东北,历淤香镇,抵胜石桥而止;一南,经天王寺,又南抵心桥而止。统计各河之长,皆不足一百二十里云。

溧水城厢乡镇考

溧水县城,周七百三十丈,有门六,大东门曰寅宾通溧阳路,小东门曰会景通句容路,南门曰文明通高淳路,大西门曰对阳通当涂路,小西门曰河清通江宁路,北门曰拱极通上元路。城内衢路,东西门相直曰正街,直南曰永安街、大中街,直北曰通济街。境内凡十一乡,县东有上原乡,又东有白鹿乡,又东南有仙坛乡。县西有思鹤乡,又西南有山阳乡。县南有赞贤乡,又南有仪凤乡。县东北有丰庆乡,又迤北有归政乡。县北有长寿乡,又西北有崇贤乡。乡中凡八镇,洪蓝埠距县西南十五里,蒲塘镇距县南二十五里,孔镇距县南四十里,新桥镇距县东南三十里,邰村镇距县东南六十里,官塘镇距县东二十五里,乌山镇距县北二十五里,柘塘镇距县北四十里。其余小小市廛,不备列焉。

溧水四境界址考

溧水县,北距江宁省城南门径直八十里。自北门,北至夹山口句容界,径直二十七里。北少西至三县塘江宁、句容两界口,径直三十六里。自西门,西至乌刹桥上元界口,径直二十八里。直西至丁公山当涂、上元两界口,径直二十六里。自南门,西南至龟山石臼湖边当涂、高淳两界口,径直四十五里。南至漆桥北街头高淳界口,径直四十四里。东南至杆西头高淳、溧阳两界口,径直四十六里。自东门,东南至分界山句容、溧阳两界口,径直三十三里。自三县塘东南,历夹山口至分界山,计迂曲界边七十余里,为句容界。自分界山南至杆西头,计迂曲界边三十里,为溧阳界。自杆西头西历寻镇至龟山西面石臼湖边,计迂曲界边六十余里,为高淳界。自石臼湖边北至丁公山朱庄,计迂曲界边四十余里,为当涂界。自朱庄东北至乌刹桥,计迂曲界边四十余里,为上元界。自乌刹桥东北至三县堂,计迂曲界边十五里,为江宁界。全境地形,微近椭圆东西最广处五十余里,南北最长处七十余里,实计积地二千七百八十九方里。内除石臼湖积三百八十六方里,统计积地二千四百三方里,合一万二千九百余顷。境内群山环绕,为宁郡西南藩屏。孔镇为南境要冲,官塘为东境要冲,乌山为北境要冲,绿营汛守所当分驻。秦淮河自乌刹桥入境南达城,又南而东,历洪蓝、蒲塘、新桥诸镇,抵白马桥冈身而止,全境之干流也。石臼湖在境西南,盖为宣城、当涂诸水停蓄之所云。

江浦城厢乡镇考

江浦县城,在旷口山,城辟五门,东曰朝宗,南曰钟奇,西曰霁和,北曰拱极,东南曰敦艮。城内甚狭隘,无大街道。境分七乡,曰孝义、曰白马、曰任丰、曰遵教、曰怀德、曰丰城、曰崇德。乡之中有九镇,以浦口镇为最大,旧县城也。在今治东二十里地,为南北孔道,水陆交冲,自经粤寇以来,户口凋残殆尽矣。其余八镇[①],则乌江镇,在治西南六十里半属和州,以惠政桥为界。石迹镇,在治南四十里。高望镇,在治南二十里。汤泉镇,在治西北四十里地有温泉。汉河镇,在治北三十八里。西葛镇,在治北四十里接滁州界。新殿镇[②],在治西四十里。而治西六十里之石村庙集,治西南五十五里之石桥集,不得与其列焉。

---

① 据本书原文,后面只列有七镇。
② 新殿镇:今名为"星甸镇"。

江浦四境界址考

江浦县,属江宁府,隔江所辖,为省城西南屏藩。自南门,东南至江口,径直八里。自东门,东北至浦口镇六合界口,径二十一里。自北门北,东至哈大卫六合、来安两界口,径直三十里。直北至西葛镇来安、滁州两界口,径直二十七里。西北至陈家浅滁州、全椒两界口,径直四十八里。自西门,西南至乌江镇和州界口,径直六十里。自乌江镇港口北,东历老西港、江浦港至浦口,计迂曲江边八十里,与江宁分界。江心自浦口镇北,西至哈大卫,计迂曲界边三十余里,为六合界。自哈大卫西至西葛镇,计迂曲界边二十余里,为来安界。自西葛镇西南至陈家浅,计迂曲界边四十余里,为滁州界。自陈家浅南至刁家营,计迂曲界边二十余里,为全椒界。自刁家营西南,历四马山而东南,历石桥镇至乌江镇江口,计迂曲界边七十余里,为和州界。全境地形,袤斜而近长方,错出西面一角南北斜占最长处七十余里,东西斜占最广处五十余里,统计积地二千五百六十方里,合一万三千八百余顷。其长江一面,自乌江东北至老西江一段,江阔七八里,更有烈山、乌石、仙人、犊儿诸矶近傍东岸,故中洪深水乃在西岸,仅阔四五里,实为上江来路、省中要冲。其乌江与铜井,石迹与河口,老西江与大胜关,俱两岸准对,可与江宁对设炮台,互相控制。自老西江以北则县治、浦口两城,与省垣鼎立,自成犄角。其间,江面亦窄,沙洲滋长,旧有夹江可分。近亦芦苇丛杂,瞭望声援微有障隔,故绿营汛守,必藉长江师船为之辅翼也。水道干流在境北面，西承皖省来源，自陈家浅入境，东出六合，自为滁河，分支绝少，盖缘中境众山横截，南境石迹、老西江、江浦诸港江水抵山而止，不能西通。北境清流必由六合绕道出江，自朱家山开通以后，枝分之水入浦口四泉河，由九洑洲新口出江。长江由此内达，则历张家堡至汉河集，并分入滁全各境，是九洑洲、新口当前后之冲，防江师船尤宜注意矣。黄悦岭、骆驼岭驿站所经为入京之要道，山高势险，绿营汛守所当分驻。求雨山俯瞰县城，尤与邑治相倚赖者也。其陆路诸镇，以浦口为东北之要，西葛为西北之要，新殿庙为正西之要，乌江为西南之要，俱宜分设防汛者已。

六合城厢乡镇考

六合县城，在滁水北，城辟六门，东曰朝阳，亦曰来春；南曰澄清，亦曰迎恩；西曰西安，亦曰钟秀；北曰镇远，亦曰瞻阙；小东门曰迎秀；小北门曰陡翼。城内街坊之著者，东有新安坊，南有仓巷，北有富安坊、观音堂、澄清巷。境内凡四镇，竹镇在县西五十三里，长芦镇在县南二十五里，瓜步镇在县东南二十里，钟山镇在县西南四十里。其余市易之区，朝聚夕散，有一定之期者谓之集。县东有新篁乡集，距县二十里。东北有樊家集，距县四十五里；有岳阳集，距县四十里。北有马家集，距县五十里。西北有施家集，距县五十里；有裴家集，距县四十里。西有中所集，距县五十里；有文山集，距县四十五里；有新集、有陈家桥集，皆距县二十里。西南有雷官集、大营集、汉河集，皆距县五十里；有盘城集，距县四十里；有葛塘集、有烟墩集,皆距县三十里。南有头桥集,距县五十里。东南有通江集,距县三十五里。凡十有八集,而四乡之地尽矣。

六合四境界址考

六合县,在江宁府隔江正北四十余里,自北门,北至马家集天长界口,径直四十里。北少西至均朴桥盱眙界口,径直六十九里。自西门,西北至施家集来安界口,径直六十二里。西至大营集来安界口,径直四十里。自南门,西南至浦口镇江浦界口,径直四十七里。自东门,南少东至划子口江边,径直三十六里。东南至小河口仪征界,径直四十三里。西少北至山头镇仪征界口,径直三十二里。自浦口镇西,历通江、划子诸口至小河口,计迂曲江边八十余里,与上元分界。江心自小河口北,历东沟山头各镇至钟家洼,计迂曲界边六十余里,为仪征界。自钟家洼北至十字山口,计迂曲界边十余里,为甘泉界。自十字山西历野山、马家集至汤家营,计迂曲界边九十余里,为天长界。自汤家营西至广福寺,计迂曲界边二十里,为盱眙界。自广福寺南,历施家、雷官、大营各集至哈大卫,计迂曲界边一百里,为来安界。自哈大卫东南至浦口镇,计迂曲界边三十余里,为江浦界。全境地形,南平北衺南北直占六十三里,斜占一百十里;东西平占七十二里,斜占九十六里,统计积地五千二百九十四方里,合二万八千五百余顷。沿江一面,以划子口为最要划子口即断渼,南距栖霞山,西距草鞋夹,江面仅阔四五里,若与上元两岸分设炮台,足可控制。长江由此入河,则历瓜埠至县治,由县治西达江浦,又西入滁全各境。一水可通朱家山,则秋冬浅涸不能内灌，故划子一口不独为长江要隘，亦且全境干流也。小河为划子分支，亦出江之要。灵岩山在城之南、江之北，其西面以雷官、大营各集为皖省来路。中有干河横截，必由舟渡，未可长驱。汉河镇傍河聚市，设立渡船，实西北之要镇。其竹镇、马家集当天长、盱眙来路，南达城东达扬州，平陆可通，是尤北境之要也。沿江自十字冈至通江集一带，岸多冲圮。八卦洲渐涨，江北旧地则渐坍矣。

高淳城厢乡镇考

高淳县，在淳溪河上，故无城，筑土为垣，立关防。门七，东宝阳、南迎薰、西留晖、北拱极、东北通贤、东南安澜、西南襟湖。后又增建四门，曰青龙、曰久大、曰凌云，南薰门外曰临渡。关垣内正街凡七，县治前曰宣化街，东曰崇仁街，南曰永宁街，西曰正仪街，北曰阜民街，儒学左曰通贤街，右曰育英街，其余则大半委巷而已。境内有七乡，在县东北十里曰崇教乡，在县东南二十里曰立信乡，在县西十里曰永丰乡，在县西十五里曰永成乡，在县东北三十里曰游山乡，在县东北五十里曰安兴乡，在县东六十里曰唐昌乡。乡之中有六镇，曰广通镇，今名东坝，距县东五十里。曰漆桥镇，距县东三十里。曰庙冈镇，亦距县东三十里。曰邓埠镇，距县东七十里。曰长乐镇，距县西北十里。曰韩村镇，距县北二十五里。此外又有长芦镇、花溪镇、固城镇、曹唐镇、斗门镇，皆市集之小者，故不复数之云。

高淳四境界址考

　　高淳县，北距江宁南门径直一百三十里。西距西斗门石臼湖边，径直二十三里。西南距水扬①镇宣城界口，径直二十二里。东南距青龙桥建平界口，径直三十里。东距河口镇溧阳界口，径直五十二里。东北距杆西头溧水、溧阳两界口，径直四十八里。北距石臼湖边，径直十八里。自杆西头，西历寻镇，抵龟山石臼湖边，计迂曲界边六十余里，为溧水界。自龟山西南，历萧港一字沟抵梁斗门港口，计迂曲湖边四十里，与当涂、宣城分界。湖心自梁港口，东历斗门、水扬②诸镇，至青龙桥西三里许，计迂曲界边六十余里，为宣城界。自宣城界口东北，历邓埠至升平荡、汉河口，计迂曲界边三十余里，为建平界。自升平荡、汉河口，北至杆西头，计迂曲界边三十余里，溧阳界。全境横长纵短东西最广处径直一百里，南北最长处径直四十里，统计积地一千九百八十五方里，内除固城湖二百四十方里，实计积地一千七百四十五方里，合九千四百余顷。东境山脉蜿蜒，西境湖荡浩淼，为宁属幅员最小之区。水陆交错，圩田四布，无险可扼，惟上下两坝既为水陆冲衢，亦当建平、广德北来孔道，较为扼要。古胥溪自溧阳之河口镇入境，西南历邓埠，又西越固城、石臼两湖北出秦淮，即明初漕运故道。自筑上下两坝，水道不通，故近时商贾往来，必在邓埠镇舍舟从陆也。向来西水甚旺，涨溢之时，坝③内外高低八尺许，坝基每虑冲决。今测上水实高四尺，固城湖滩亦不过三尺，盖夷险之势，今昔攸殊矣。

---

①② 扬：今作"阳"。
③ 坝，原文误作"灞"。

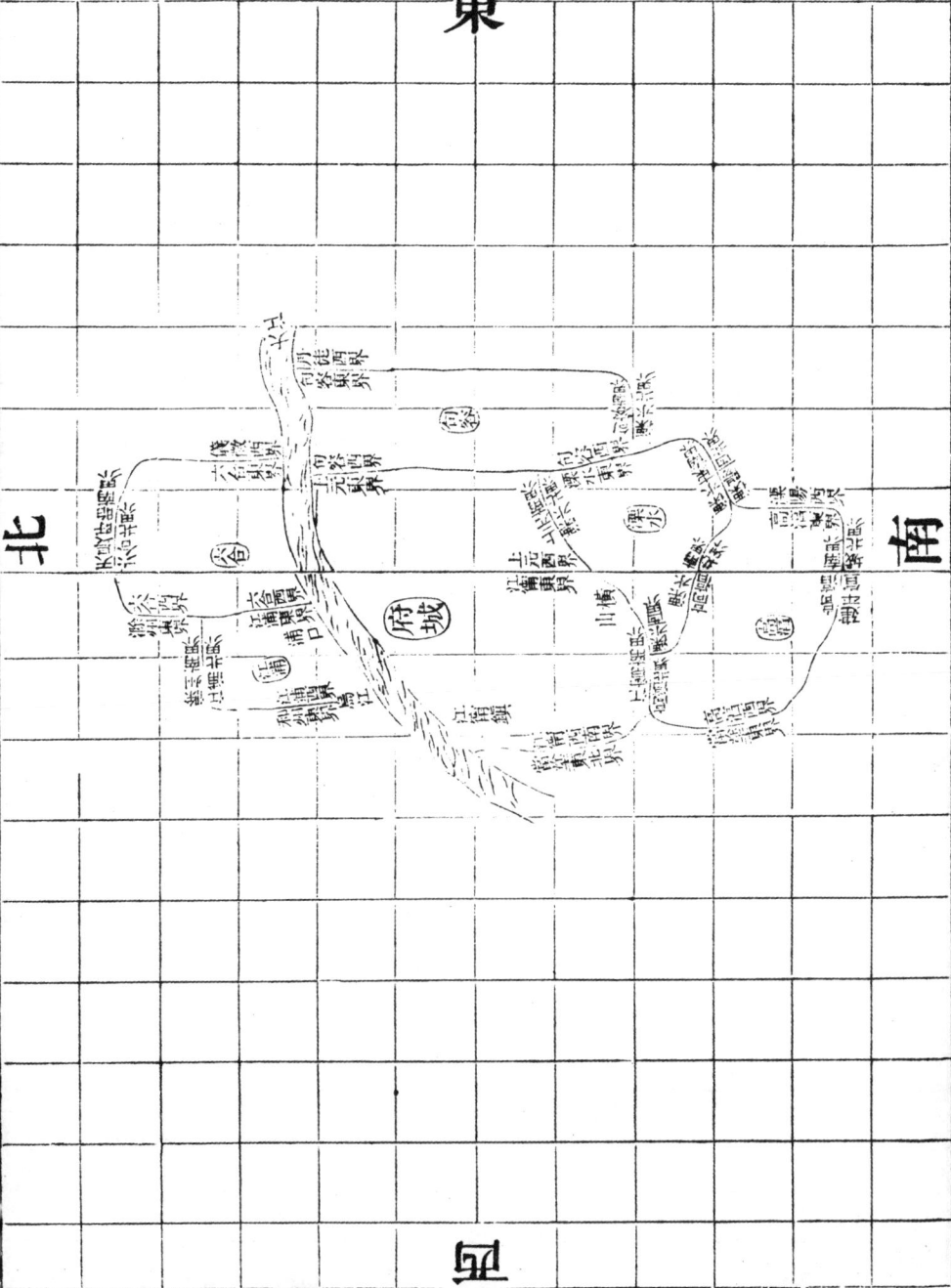

東

北　　南

府城

西

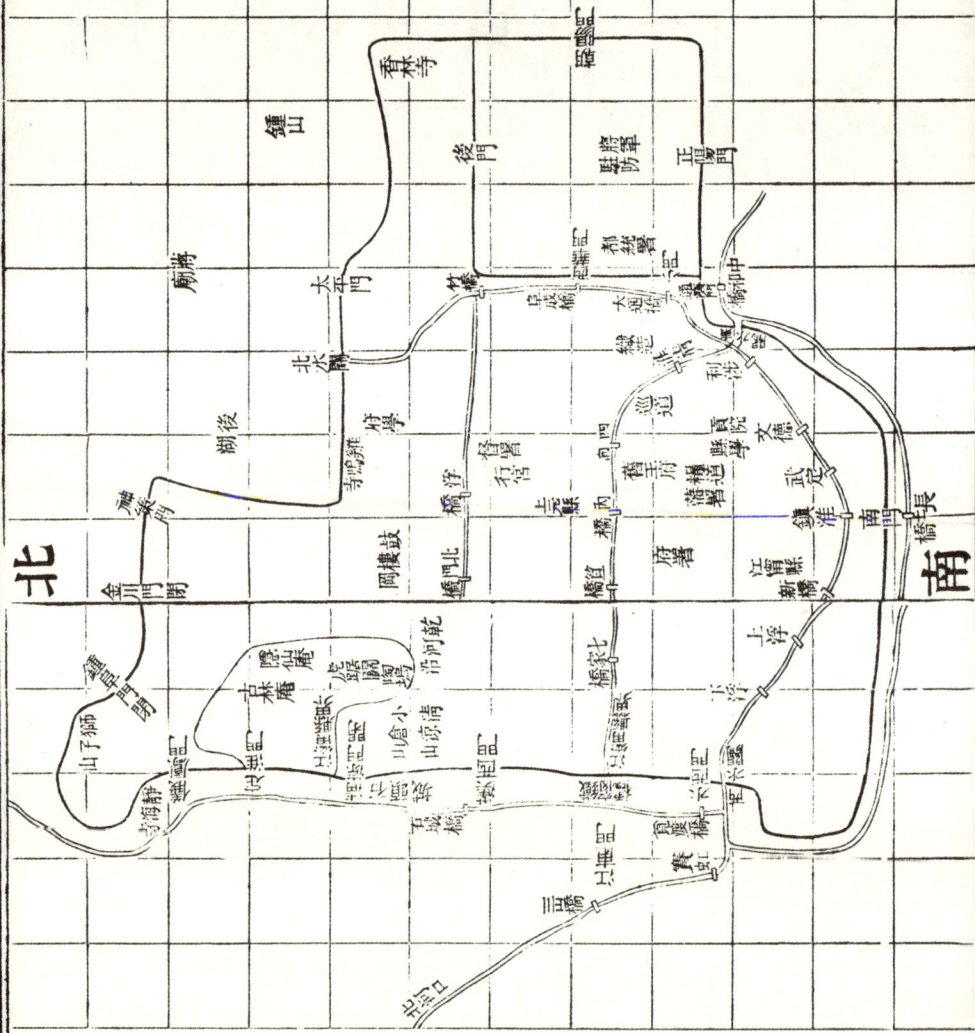

東

北

南

鍾山

靈谷寺

後門

正陽門

駐防將軍

太平門

神策門

金川門

上元江甯兩縣圖

每方十五里

東

北　　　　　　　　　　　　　　　　　　　南

寶華山
孔山
東陽橋
草橋
湯山
江乘
聖聲
句容分界
上元句容分界
胡
攝山
靑龍山
鎭山
造
方山
秦郵
上元江甯東西界
邰郵
深甯
攝山
幕府山
落星澗
段石岡
上元江甯
雙鳳橋
麒麟橋
方山
高橋
菩山
靈臺山
龍山
金牛
小攝陽
儀鳳門
關
上元縣
德壽
塞橋
靑山
大勝關
板橋
雲臺山
鎭
銅井
牛首山
小丹陽
秣陵
蘆湖
江甯界
西北和州界
江甯大江界
龍湖
山龍鄉

西

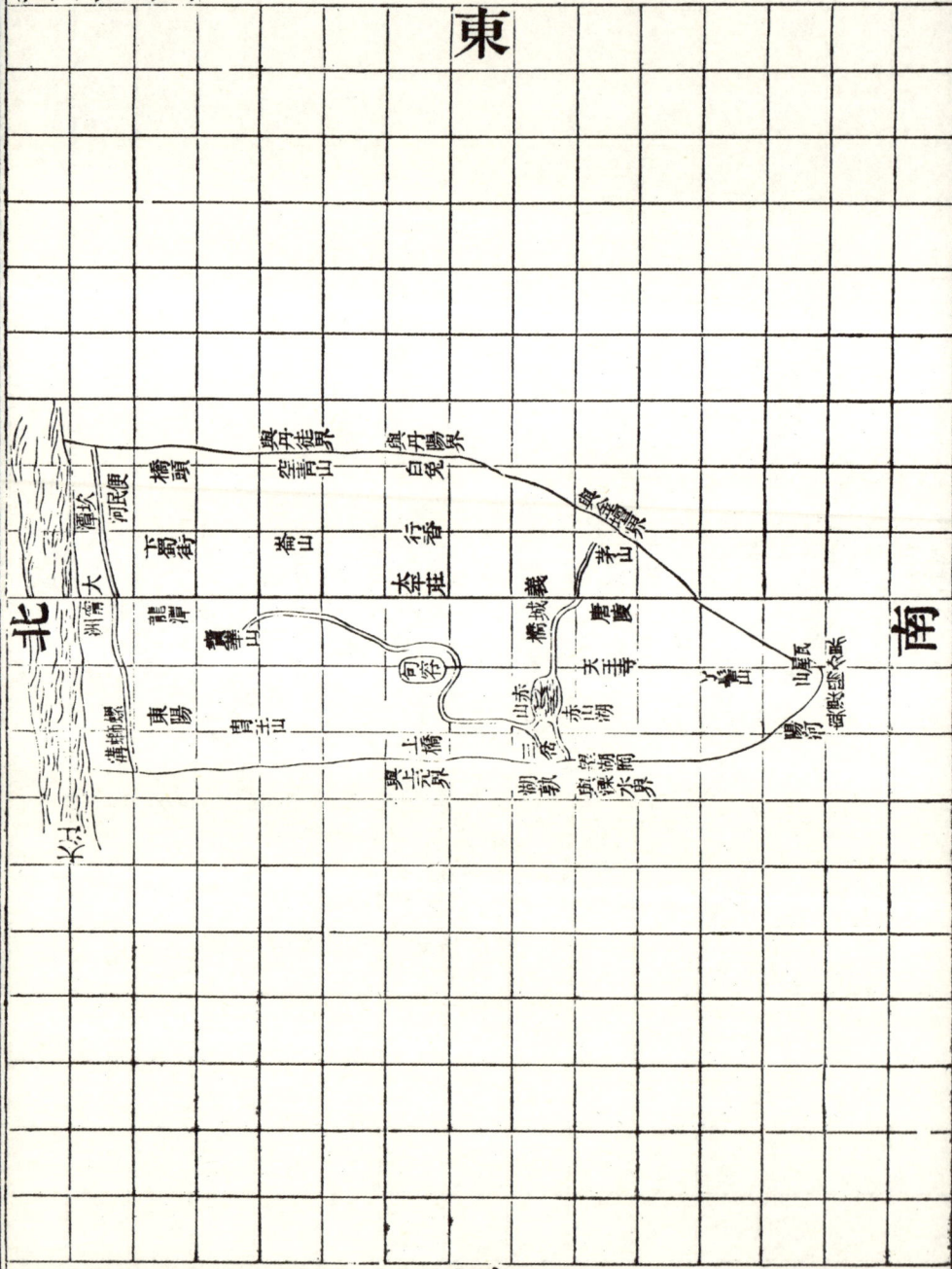

北

南

西

與丹徒界

與丹陽界

橋頭

便民河次河

下蜀街

空青山

白兔巢

與溧陽界

崙山

行香

羊山

大洲

龍潭

下蜀街

杏莊

義城

唐慶

溧陽河瓦屋山

青龍山

東陽

簰埠鎮

青圭山

土橋

三岔

赤山湖

赤湖

天王寺

丫髻山

與上元界

訪湖歌

班渚

陶湖水界

東

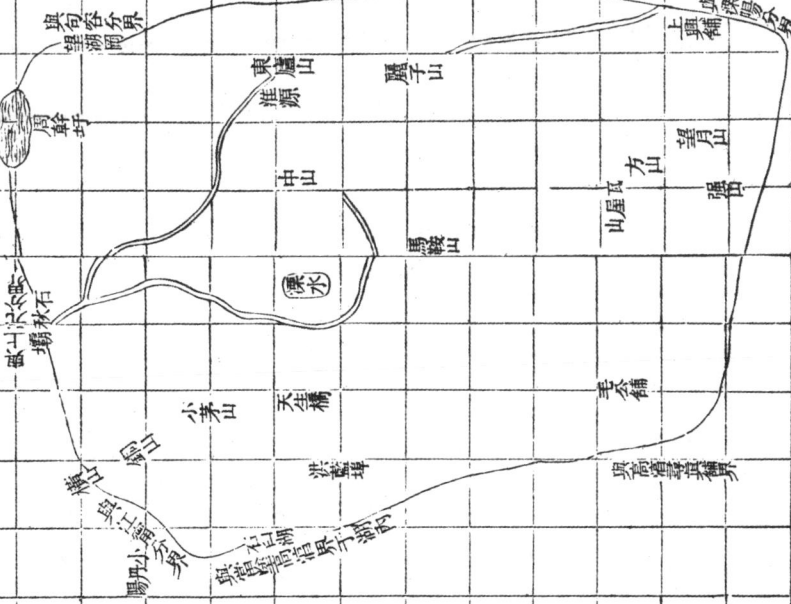

南

北

西

江浦縣圖
每方十里

東

南

北

西

東

北

南

西

高淳縣圖
每方十里

東

北　　　　　　　　　　　　　　南

西

溧陽溧水高淳俱此界山
芝山

與溧陽分界
永寧橋
故此鋪

大古山
歐隱隴
郡埠　　上中下橋
松鎮鋪

濮草山
小遊山
下湖
秀山　　花山

漆橋
廣通鎮　上橋
千墩山
小花山

延迓
檀溪
固城鎮

尋真鋪

雙牌

武家嘴
永寧橋
固城湖
嘈洪

江浦溧陽

高淳
永濟橋
仙人橋
保勝圩

蛇山
石臼湖
永豐圩
相國圩
永甯橋

當塗高淳分界湖中有清
丹陽高淳溧水分界湖中

南京稀见文献丛刊

上元江宁乡土合志

（清末民初）陈作霖 撰

点校 韩文宁

审校 卢海鸣

南京出版传媒集团
南京出版社

目　录

卷一　历史上 …………………………………… 39

卷二　历史下 …………………………………… 49

卷三　地理 ……………………………………… 73

卷四　人类上 …………………………………… 84

卷五　人类下 …………………………………… 97

卷六　物产 ……………………………………… 113

卷一　历史上

第一章　本境疆域沿革

第一节　三代秦汉州郡

黄帝受命,披山通道,乃推分星野,自斗三度至女一度为江南,唐虞、夏商相继,皆属扬州。周武王有天下,封吴国于其地,春秋末为越所灭。未几,楚灭越,置金陵邑,金陵之名始此。及秦始皇灭楚,分天下为三十六郡,改金陵邑为秣陵县,属鄣郡,丹阳_{今小丹阳},地错当涂、江乘_{今讹江城},地错句容皆在境内。逮汉武帝元朔元年,分丹阳、秣陵及湖孰_{今上元湖熟镇}为侯国,俄复为县。元封二年,更鄣郡为丹阳郡,江乘、秣陵、丹阳、胡孰仍隶之。五年,置十三部刺史,以丹阳郡属扬州。东汉因之,迄献帝建安二年,孙策据江东,扬州地皆属吴。十六年,孙权徙扬州治秣陵。十七年,改秣陵为建业,省湖孰、江乘二县。二十六年,移丹杨郡于建业,后遂建都于此案,丹杨郡以赤柳得名,自徙治金陵后,字皆从木,与丹阳县从阜者异。

第二节　晋郡县

晋武帝太康元年,平吴,改建业为秣陵,又分秣陵为临江县。二年,并扬州于秣陵_{时江北寿春亦设扬州},更临江为江宁_{在今江宁镇},此江宁名县之始。寻分秦淮水北为建业[1],南为秣陵,复置

① 建业:当作"建邺"。

江乘、湖熟二县。后以避愍帝讳,改建业^①为建康。元帝大兴元年,以建康为都城,自是至陈皆然。二年,立怀德县在上元钟山乡,以处琅邪国人元帝以琅邪王袭位,国人相随南渡,后名费县。成帝咸和元年,徙建康县治于御街西。先是以江乘之金城侨置南琅邪郡在上元东北,今琅邪乡,至是,立临沂县在上元长宁乡,与费治宫城北、阳都、即邱治与临沂同同隶之。咸康元年,割江乘实土,立南琅邪郡。

第三节　前五代郡县

宋武帝受禅,仍晋旧置丹杨郡,建康、秣陵、丹阳、湖熟、江宁皆隶焉。其阳都、即邱、费三县,并割临沂及建康为土,隶南琅邪郡。文帝元嘉八年,省即邱入阳都。孝武帝大明三年,改扬州为王畿,以南琅邪隶之。五年,省阳都入临沂,八年,王畿复为扬州。齐武帝永明元年,移琅邪城于白下。梁武帝天监元年,以旧居里为同夏县今上元长乐乡。陈宣帝太建十年,罢南琅邪郡,立建兴郡,领同夏、江乘、湖熟、临沂等县,属扬州;其建康、秣陵、江宁、丹阳等县,仍隶丹杨郡。隋文帝开皇九年,平陈,废丹杨郡,置蒋州。炀帝大业二年,省建康、秣陵、同夏三县入江宁,又废丹阳、临沂、湖熟三县。三年,改蒋州为丹阳郡以后丹阳郡阳字不从木,避国姓也。十四年后,江南乱,丹阳郡遂为贼据。

第四节　唐州县

唐高祖武德二年,贼帅杜伏威归附,以江宁、溧水二县置

---

① 建业:当作"建邺"。

扬州,复设丹阳等县,更江宁县为归化。七年改扬州为蒋州,八年复蒋州为扬州,更归化为金陵县。扬州徙治江都,自是江南无扬州之名。九年,徙金陵于白下村,曰白下县,隶润州。丹阳隶宣州,宣、润二州皆属江南道。太宗贞观七年,移白下县于冶城东。九年,更白下县为江宁。玄宗天宝元年,置丹阳郡于润州_{今镇江丹徒县},领江宁、句容等六县。肃宗至德二载,以江宁县置江宁郡,领江宁、句容、溧水等县。乾元元年,改江宁郡为昇州,置浙江西道节度使[1],兼江宁军使,以昇州为治所。未几,移润州。上元元年,废江宁县,置上元县于西州城_{即石头城},此上元名县之始。宝应元年,废昇州,上元复隶润州。昭宗大顺元年,复置昇州于上元。天复二年,昇州入于淮南。

第五节　杨吴以后府县

　　吴杨氏据淮南,置金陵大都督府于昇州,析上元南十九乡、当涂北二乡为江宁县。上元、江宁二县附郭,实始于此。南唐承之,改金陵府曰江宁,遂定都焉。宋太祖开宝八年,平南唐,以江宁府为昇州。真宗天禧二年,昇州为江宁府建康军节度使,治上元、江宁二县。高宗建炎元年,以建康为行都。三年,改江宁府为建康。元世祖至正十三年,江南平,开省于建康府,治建康路宣抚司,上元、江宁二县皆隶之。旋改宣抚司为总管府。文宗天历二年,以龙潜旧邸,改建康路为集庆。顺帝至正十五年,明太祖取金陵,改集庆路为应天府,领上元、江宁等县如故,旋定都为京师。迨成祖永乐间北迁,称南

---

① 据《旧唐书》,应为浙江西道观察使。

京^①。国朝顺治二年，南京归顺，改应天府为江宁，上元、江宁二县仍为所辖，今两江总督及江宁布政、提学二司，皆以为治所焉。

第二章　本境城垣沿革

第一节　金陵有城之始

金陵，在春秋时本吴地，未有城邑，夫差于铸剑之地筑冶城今朝天宫。越灭吴，范蠡筑城于长干，曰越台在聚宝门外，今城捕厅署即其地，周二里八十步。楚威王置金陵邑在今石城、清凉二门之间。迨汉建安时，孙权因于其地筑石头城而徙屯焉。未几，建立吴国，僭称大帝。于黄龙元年筑都城于覆舟山侧，东绕平冈，西控石头，前拥秦淮，北带玄武，周回二十里十九步，其正门曰宣阳在今中正街。又南五里，至淮水有大航门在今长乐渡处。赤乌十年，作太初宫于其中，周回五百丈。开八门，前五门曰公车、曰升贤、曰明阳、曰左掖、曰右掖，东一门曰青龙，西一门曰白虎，后一门曰玄武。又于宫之后拓苑城在今汉府、珍珠桥之间，即六朝之台城也。

第二节　南朝诸城

时丹阳郡移治建业，有郡城在淮水南去今武定桥一里，无西门。扬州旧治石头城，东晋末移于青溪，东南临淮水，名东府城在今通济门侧，无北门。别旧治为西州，又有琅邪郡城，亦东晋之所置也。初治江乘，旋移白下即白石垒，疑今狮子山北高阜，并台城，为南

---

① 1368年，明太祖定都应天，改应天为南京。

朝之五城云。

第三节　南朝都城

东晋都城,沿吴旧而增筑之。开十二门,南曰宣阳、曰开阳,稍东曰清明,稍西曰陵阳,正东曰东阳、曰建春,正西曰阊阖、曰西明,正北曰玄武、曰大夏、曰广莫、曰延熙,改吴大航门为朱雀。又缮苑城以为新宫,正南曰大司马门在今西华门西大街,与都城宣阳门对,北曰平昌门在今成贤街南口。东西二门曰东掖、西掖,内有太极殿、清暑殿。厥后,宋、齐、梁、陈皆仍旧,惟改开阳门曰津阳、陵阳门曰广阳、广莫门曰北掖,而于台城东西开万春、千秋二门,后改为云龙、神虎。宋则有含章、明阳、芳乐等殿及紫极斋,梁则有重云、五明、披香等殿,陈则有景阳楼及临春、结绮、望仙三阁,皆在台城之中。至隋平江南,建康城邑宫阙皆平垦为田,仅置蒋州于石头城,南朝遗迹扫地尽矣。

第四节　杨吴、南唐至宋都城

唐承隋后,州治仍旧,中叶时屡废屡置,而城终不改。迨杨吴始广金陵城,周回二十五里,贯秦淮于中。西据石城即今汉西、水西二门间,俗呼鬼脸城,南接长干即今聚宝门外,东连白下桥即今大中桥,北限玄武桥即今北门桥。桥所跨水,皆所凿城濠也今石城、觅渡、赛工、朱雀、中和诸桥,城外所跨之水,自东关入城至复成、竹桥一带皆是。南唐袭位,移江宁府治于宫城东,宫城则前俯内桥,后至小虹桥,东尽昇平桥,西止大市桥今羊市桥,内有柔仪殿、澄心堂,周以护龙河焉今卢妃巷、娃娃桥一带遗迹尚存。宋兴,置昇州治于宫城内,俄升为江宁府。建炎初,高宗驻跸,改建康,徙府治于东锦绣坊,以府治为行宫,一切仍南唐之旧,惟改内桥为天津桥而已。元于府治开省,无所改作,至明乃宏规大起。

第五节　明都城

明太祖肇建都城,拓宋元之旧址,惟南门、大西、水西三门不改,更名聚宝、石城、三山。自旧东门处截濠为城,开广八里,南与宫城洪武门直对者,曰正阳门,迤西曰通济门,旁为东水关,秦淮水入城处也。自正阳而北建东门一,曰朝阳;自钟山之麓围绕而西抵覆舟山建北门,曰太平;又西据覆舟、鸡鸣山,缘玄武湖以北至直渎山而西八里建门,曰神策;其间为北水关,以铜管引玄武湖水入于青溪。又折而北西,曰金川门。西北括狮子山于内,雉堞东西相向,建门二,曰钟阜、曰仪凤,仪凤外濒江浒要津也。其西迤南者,曰定淮门;清凉山倚于睥睨间者,曰清凉门,遂与旧西二门接。石城门南有铁窗棂,运渎之水所由以泄者,古之栅寨门也。西水关伏三山门下,秦淮水穿以出城者也,凡周九十六里云。

第六节　都城外郭

都城既建,环以外郭,西北则据山带江,东南则阻山控野,辟十有八门,东面五,曰仙鹤、麒麟、沧波今讹菖蒲、高桥、上方;南面六,曰夹冈、双桥、凤台、驯象今讹徐小、大安德、小安德;西面二,曰江东、栅栏即石城关;北面五,曰上元、观音、佛宁、外金川、姚坊今讹尧化。周一百八十里,仅立标识而未及起筑即迁于北。至今冈阜络绎,俗呼为土城头者以此。

第七节　旧王府城

明太祖初下集庆时,居富民王彩帛家。旋以元御史台为邸,称吴王府,在锦绣坊东。内有白虎殿_{今御街有方砆石,即殿基也}。及作新宫于钟山之阳,移居之。以邸第赐中山王徐达,达不敢居,乃榜以旧内而闭置之,至今居民犹呼王府府前街为御街云。

第八节　明宫城

新宫之址在都城东,尽填前湖而筑之_{前湖,即太子湖,一名燕雀湖,梁昭明遗迹也。今既填塞,犹留一泓于城外},周以紫禁城。正南曰洪武门_{今圮,以正阳门当之},转而向东者,曰长安左门,再北,曰东华门;向西者,曰长安右门,再北,曰西华门;正北曰北安门,俗称厚载门,此外围之六门也。宫门向南,第一重门曰承天门,内东太庙,西社稷坛;二重曰端门,端门北,有左、右阙门,古曰象魏;三重曰午门,午门以内为大内。由魏阙中分而东西者,曰左掖门、右掖门;转而向东者,曰东安门,向西者,曰西安门,正北曰玄武门,此内围之六门也。午门前后有护城河二道,桥其上,数各五,曰内五龙桥、外五龙桥。其在东长安门外者,曰青龙桥,在西长安门外者,曰白虎桥,以象天津之横贯焉。

第九节　明大内

午门之内,曰奉天门,左曰东角门,右曰西角门,门皆有楼。东角之南,曰左顺门,西角之南,曰右顺门。左顺门之南,有文渊阁,再东,有文华殿;右顺门之西,有武英殿。奉天门内,居中向南者,曰奉天殿。殿两旁左向西者,曰文楼,右向东者,曰武楼。南北连属穿堂,上有渗金顶者,曰华盖殿。殿两旁东曰中左门,西曰中右门。再北,曰谨身殿。殿后居中向南,为乾清门,宫之内门也。门外左右金狮各一,门内丹陛数重,为乾清宫大殿。殿左，曰日精门。殿右，曰月华门。殿之东西有斜廊，廊之后，左曰东暖阁，右曰西暖阁，皆南向。再北，则穿堂，居中圆殿，曰交泰殿，渗金圆顶，如华盖殿式。再北，曰坤宁宫，皇后所居也。又有二殿，曰柔仪、春和，别殿也以上故宫规制，皆据陈沂《南畿志》旧本及《酌中志》。太子讲学处，曰大本堂，疑在文华殿之侧。前朝后寝，宫城之大概如此。成祖北迁燕京，宫室犹仿佛金陵之制焉。

国朝定鼎，驻旗营于其地，陵谷变迁，今所存者，阙门、流水、殿基、蔓草而已。

第三章　本境历朝吏治

第一节　南朝守令

三国以前，扬州、丹阳迄无定治，政绩莫得而详矣。晋承吴后，建为都城。若周浚之作牧扬州刺史，移镇秣陵，宾礼遗贤；庾和之尹京丹阳尹，表除重役，是能休养疲氓，苏其困苦者也。至于刘宋之时，沈璞由扬州主簿除秣陵令则力除奸猾，顾宪之建康令则政得人和。齐之沈瑀扬州从事以治方山埭，筑赤山塘，见其材干；梁之王志建康令，以偿寡妇费，给百姓粥，行其仁恩。以及傅翙之清勤自矢梁建康令、萧引之请托不行陈建康令，类皆躬膺繁剧，事不辞难，治功为最著矣。

第二节　宋守令

隋唐，废丹杨为支郡，守建康者循分守职而已。至北宋，而贤哲辈出。若张咏之秩满借留知昇州、包拯之听讼无枉知江宁府、程颢之均田障水以上元主簿摄令事、元绛之除盗赈饥江宁府推官摄上元令，皆以名臣大儒而推循吏。建炎南渡，建为行都，戡乱抚民，尤资守令。导其前者，则有刘珙知建康府发常平仓粟以赈荒，李辟之知上元县除滨江田税以核实，洪遵知建康府斩妄言惑众之卒，张孝伯知江宁县停年租额外之征。绍其后者，又有黄度知建康府罢科籴输送之扰，吴渊以江东安抚使兼知建康府策兴利除害之宜，马光祖知建康府，制置江东三莅剧邦，民安其政，程洙上元主簿誓殉国难，视死如归元兵入建康时。粲乎隐隐，各得其所也已。

第三节　明守令

明代留都，勋卫杂处，役重民困，调剂为难。景泰时，则有姜德政知上元县劝课农桑。成化时，则有鲁崇伊应天府尹加意儒学。王震应天府尹当弘治之际，承平已久，罢花园夫役千余人。寇天叙应天府丞值正德之间，车驾南巡，拒近幸求索以万计，弛张甚得其宜焉。至于王爌之遗爱著录应天府尹、庞嵩之惠民立庄应天府治中摄尹事、程燫之策塞去位知上元县、汪宗伊之裁革滥差应天府尹，皆著绩于嘉、隆中叶。逮及万历以后，吏治亦稍稍替矣，而黄承元应天府尹科场恤士、贾应龙知上元县丁银按田、谈自省抗建阉祠应天府尹、徐石麒仿行顾役应天府丞，无非廑念民瘼，驾驭随时，遗泽之长，江流俱永云尔。

第四节　国初守令

国朝初下江南，兵戈不试；除前朝之弊政，布化维新。督抚司道非一郡所得私，不敢滥登简牍矣。若府县诸吏，顺治时，则有李正茂初改应天为江宁时，知府事定赋则之规，林天擎江宁知府画旗汉之界，赵廷臣江宁府同知设长江防，剔卫籍丁粮之弊，刁承祖知上元县立双鸳贴，杜收多填少之门，招徕抚绥，绰有成绩已。康熙纪元，汉军于成龙为知府，与总督同名，而政能媲美。踵其后者，施正纶清矫绝俗，去任时人投一钱，建双亭于府署，名一文亭。陈鹏年廉洁自持，始到官，即榜门曰"求通民情，愿闻己过"。毁南市楼妓寮，以其地宣讲圣谕，即今讲堂大街。是后卒以是被劾，万众环总督署为之呼冤，则循吏之不易为也。

第五节　乾嘉以后守令

乾嘉以后，俗渐浮华，崇俭黜奢，长官之责。许兆椿禁秦淮夜游，李璋逐冶山妖道_{许、李皆知江宁府}，联壁_{江宁府通判}毁八府塘淫祠，既能矫以持之。蓝应袭聘名士以修志，温纶湛置义冢以埋胔_{蓝、温皆上元知县}，俞德渊_{知江宁县}居外舍以办公，又复顺以导之。而咸丰癸丑之乱，本循良为忠节者，惟上元知县刘同缨一人而已。爱民如子，有治剧才，虽逆贼亦呼以青天，则其生平可想矣。大乱甫平，公私交困，举衰振废，知府涂宗瀛实肩任之，其措施如恤孤寡、课文士、疏河洫、种桑茶，皆彰彰在人耳目，至于今是赖，有悉数不能终者尔。

卷二　历史下

第四章　本境历朝兵事

第一节　金陵兵事之始

金陵，扼长江之冲，绾毂吴楚，攻坚守隘，势所必争，其为要害也大矣。春秋时，楚子重伐吴，克鸠兹_{今芜湖}至于衡山。衡山即横山，在今江宁县东南_{与太平府当涂错壤}。组甲、被练，未久即退，记载不能详也。至汉末，秣陵尉蒋子文逐贼钟山而死_{钟山，今紫金山，在朝阳、太平二门外}，亦非大战争耳。然则武功之盛，必托始于孙策焉。

第二节　孙吴取江东

丹阳太守吴景_{丹阳时治曲阿，今镇江丹阳县}，孙策之舅也，为扬州刺史刘繇所逐_{扬州时治历阳，今和州}。策以折冲校尉率众助景，自江北行，收兵攻横江、当利，拔之_{横江、当利，在今和州江边}，进克牛渚_{在采石江边}，尽得邸阁粮谷、战具。时薛礼据秣陵_{今秣陵关}，笮融屯县南，皆依刘繇为盟主。策率周瑜、吕范等先攻融，融败不出。因攻礼，礼突走。复下攻融，矢伤策股，还牛渚营。诱贼入伏，大败之，融更坚守。策乃舍去，由小丹阳_{西界当涂，今仍旧名}转攻湖熟_{在上元东乡，今湖熟镇}、江乘_{亦在上元东，错句容界}，皆下之。以吕范为湖熟相，从定秣陵。融因杀礼，并其众，奔豫章_{今江西省境}。策遂转战而东，据有江表之地，弟权因以立国，传四世。

至皓,晋益州刺史_{益州,今四川省城}王濬以舟师入石头_{城名,今汉西门一}带,而吴遂亡,由是晋统一天下。越二十余年,而建业_{今上元县境}有石冰、陈敏之乱。

第三节　石冰、陈敏之乱

晋惠帝太安二年,义阳_{在今湖广境}蛮张昌反,遣其党石冰寇扬州_{今江宁府治},刺史陈徽与战大败,冰入建业_{今上元县}。扬州秀才周玘起兵讨贼,传檄州郡,江东响应。冰将羌毒来拒,玘击斩之,冰旋为广陵相_{广陵,今扬州府}陈敏所败,走死。敏遂自恃功高,阴有据江东之志,率众渡江。扬州刺史刘机、丹杨内史_{丹杨郡治今江宁府}王旷皆弃城走,敏乃自称楚公,修吴故宫而居之。周玘复与顾荣合谋讨敏,请兵于扬州都督刘准,准遣刘机出历阳_{今和州}。敏使其弟昶屯乌江_{今江浦县西南,错和州界},宏屯牛渚,以拒机。周玘密令钱广杀昶,夺其军还至朱雀桥南_{桥跨秦淮水,即今南门桥,时未有城垣也}。敏使甘卓率精卒拒广,周玘说卓背敏,卓即断桥敛舟,与玘、荣并军淮南_{淮即秦淮水}。敏自将万人出军水北,荣以白羽扇麾之,遂溃_{今其地名麾扇渡,在南门上外赛虹桥}。敏走江乘,获斩之,江东平。未几而晋南渡,王敦、苏峻之祸又作矣。

第四节　王敦作逆

晋元帝永昌元年,大将军王敦反于武昌_{今湖北省}。帝之初镇江东也,敦与从弟导同心辅政,后渐恃功骄恣,帝稍抑损其权。敦大忿怒,举兵以诛刘隗、刁协为名。司空王导率宗族待罪,帝赦之,以为前锋大都督,下诏讨敦。加戴渊骠骑将军,与右卫将军郭逸筑垒于大桁北_{大桁即朱雀桥浮航,在秦淮水上,"航"同"桁"}。镇北将军刘隗军金城_{琅邪侨郡所治,当在今神策门外一带},右将军周札守石头。敦至建康_{即建业，今上元境}，欲攻刘隗，其将杜宏曰："刘隗死士众多，未易可克，不如攻石头；周札少恩，兵不为用，攻之必克，札败，则隗自走矣。"敦从之，以宏为前锋，攻石头。札开门纳宏，敦入据之。刁协、刘隗、戴渊往攻，皆大败。帝使王导劳敦于石头，加敦丞相，都督中外诸军事，不受。拥兵三月，终不入朝，既而还镇。帝忧愤成疾，崩。太子绍即位，为明帝。敦欺帝幼弱，逆谋益甚。自武昌下屯于湖_{今芜湖}，帝乃决意讨之。

第五节　晋平王敦

大宁二年夏六月，加王导大都督，以温峤为中垒将军，与右将军卞敦守石头。应詹都督前锋及朱雀桥南诸军事，征兖州_{今山东}刺史刘遐、临淮_{今安徽凤阳府}太守苏峻入卫京师_{即金陵}。敦闻诏大怒，病笃不能自将，乃使兄含为元帅。秋七月壬申朔，含及钱凤等水陆五万犯京师，奄至江宁_{今江宁镇，在江口}南岸。温峤移屯水北，烧朱雀桁，以挫其锋，含等不得渡。帝率诸军屯于南皇堂_{在宫城内}，癸酉夜，遣将军段秀募壮士渡水击贼，败诸越城_{今南门长干里}，含率余众屯倪塘_{沿秦淮南岸}。时王敦已死，敦党沈充自吴兴_{今湖州}入犯，筑垒于陵口_{在钟山左近}。丁亥，刘遐、苏峻率精甲至，屯于司徒故府_{在秦淮北岸}。乙未夜，含、凤自竹格渚渡淮_{渚在秦淮水转运湥曲处，今讹为竹竿里，笪桥旁巷是也}。应詹拒之，不利，贼长驱至御街_{宫城外}，攻台城_{六朝宫城在鸡笼山前}。沈充自青溪来会之_{溪在今竹桥一带，水久湮，地名青溪里巷}，进及宣阳门_{宫城南门}，拔栅将战。遐、峻从南塘横击_{塘在秦淮北岸，今名南塘里}，大败之。遐又追破沈充于青溪，贼遂烧营夜遁。是役也，苏峻功甚大，徙为历阳内史。庾亮用事，颇有疑忌之心也。

第六节　苏峻作逆

晋成帝咸和二年冬十月，诏征苏峻为司农，峻不奉诏，举兵反。十二月，京师戒严，加庾亮征讨都督。三年春正月，苏峻率众二万济自横江，台军屡败。陶回谓庾亮曰，峻知石头有重戍，不敢直下，必向小丹阳南道步来，伏兵要之，可一战擒也。不从。峻果由小丹阳趋秣陵，迷失道，无复部伍，亮闻乃悔之。诏尚书令卞壸都督大桁以东诸军事。二月庚戌，峻至覆舟山_{今太平门内，近接钟山}。台军亦自江路还，卞壸督众与峻战于西陵_{即钟山西}，败绩。丙辰，峻攻青溪栅，壸拒击不能禁，峻因风纵火焚烧，营署殆尽。壸力疾苦战，与二子眕、盱皆死之。庾亮率众屯宣阳门，未战而溃。峻兵遂入台城，逼迁帝于石头。

第七节　晋讨苏峻

夏五月丙午，荆州_{今湖广}刺史陶侃，江州_{今九江府}刺史温峤，率舟师四万入援，次于蔡洲_{今太平府江边洲}。峻登烽火楼_{在石头城内}望之，有惧色。侃使庾亮以二千人守白石垒_{今神策门外石灰山}，峻攻之不克。峤筑垒于四望矶_{今汉西门外虾蟆石矶}，以逼贼。贼党韩晃攻大业_{在句容境内}，侃将救之。长史殷羡曰，吾兵不习步战，救大业而不胜，则大事去矣，不如急攻石头。从之。侃遣督护杨谦将水军攻石头，峻兵来救，谦诈奔白石。峤、亮等自白石南上，峻将八千人逆之，使其子硕先薄赵胤兵，败之。时侃督军李阳距贼南偏，峻舍众突阵不得入，回趋白木陂_{未详，疑在神策门外}，马踬，李千、彭世投之以矛，斩之。峻众大溃，贼党奉其弟逸为帅,于是峤、侃等乃立行台焉。

第八节　苏峻乱平

四年春正月丁卯,贼将匡术以台城归顺,侃令毛宝、邓岳等守之。苏逸率众力攻,毛宝登陴,射杀数十人乃退。二月,行台闻台城危急,将救之。别驾罗洞曰:"今水暴涨,救之不便,不如攻栅航_{在秦淮上}。"从之。丙戌,诸军直指石头,李阳与苏逸战于查浦_{在秦淮南},阳军却。建威长史滕含以精卒横击之,逸大败。时苏硕别率骁勇渡淮,战甚锐。峤军乘胜进攻,硕众尽歼,逸亦为李阳所斩。韩晃弃石头走,帝得出,幸温峤舟,奉以还宫。以褚翜为丹阳尹,招集离散,京邑遂安。自是越七十余年,元兴、义熙之间,江南乃遭否运焉。

第九节　桓玄作逆

晋安帝时,桓玄专制荆楚_{今湖广省}。恶会稽王世子司马元显专政,举兵南下,奄至新亭_{今南门外善桥、陈墟桥一带名新亭乡}。台军惊溃,玄遂入京师,斩元显于建康市。因逼帝而篡其位,国号楚。征役不息,内外骚然。建武将军刘裕等谋兴复晋室,于元兴三年春二月起兵京口_{今镇江府}。事闻,玄加桓谦征讨都督,谦欲急击之。玄曰:"彼兵锐甚,计出万死。我若有蹉跎,则大事去矣,不如屯大兵于覆舟山以待之。彼空行二百里,锐气已挫,忽见大军必惊愕。我案兵坚阵,勿与交锋,彼求战不得,自然散走,此策之上也。"谦以为怯,不可,乃遣其党吴甫之、皇甫敷相继北上。

第十节　刘裕平玄

三月戊午朔,吴甫之先遇裕军于江乘,裕手执长刀,大呼冲阵,斩甫之。进至罗落桥_{今摄山渡口石埠桥},皇甫敷率数千人逆战,围裕数重。裕倚树挺立,敷拔戟将刺裕,裕瞋目叱之,敷辟易。裕众俄至,射敷中额而仆斩之。玄闻二将死,大惧,使桓谦屯覆舟山东,何澹之为左翼,屯东陵_{即钟山东},卞范为右翼,屯覆舟山西,众合二万。己未,裕军至蒋山_{即钟山},使羸弱贯油帔而登,分张旗帜数道,并进遣刘钟搜山后伏兵,而身先突谦阵,士卒殊死战,谦军一时奔散。玄出南掖门_{宫城南偏门},乘船而遁。裕入建康,立留台,遣军追斩玄,迎帝复位,由是入执朝政,威加中外焉。

第十一节　卢循入寇

卢循,孙恩余党也。隆安初,恩众犯建康,至白石而退。后为刘裕所破,投海死,循等遂据广州_{今广东省治}。义熙六年,闻刘裕征南燕,乘京师空虚,出豫章,袭克寻阳_{今九江府},战士十余万顺流东下。夏五月,内外戒严,刘裕闻警急旋,率重兵自镇石头,使梁王司马珍之屯南掖门,广武将军刘怀默屯建阳门,冠军将军刘敬宣屯北郊,辅国将军孟怀玉领丹杨兵屯秦淮南岸,建武将军王仲德屯越城,檀祗屯西明门外,徙南岸居民渡淮北以避贼。未几,循军次三山_{在采石下,今仍旧名},裕谓将佐曰:"贼若于新林_{今大胜关}港直上,其锋不可当;若回迫西岸①,此成擒耳。"贼将徐道覆请于新亭焚舟而上,数道攻裕,循不从。

第十二节　卢循败遁

刘裕因众军大集,使伐树栅淮口,修治越城,筑查浦诸

———

① 《宋书》作"回泊西岸"。

垒，以兵守之。贼数战不利，乃伏兵南岸，使老弱乘舟向白石，声言率众步上。裕留参军沈林子、徐赤特戍南岸，断查浦，戒令坚守，而自与刘毅北出拒之。庚辰，循焚查浦，进至张侯桥_{今下浮桥南老虎桥是其地，时未有城垣也。}赤特率兵出战，林子止之不从，遇伏而败，渡淮北走。林子以散卒据栅，道覆率劲勇继上，沿塘而阵，延袤数里。林子与将军刘钟、王镇恶断塘力战，神弩乱发，会朱龄石救至，贼乃退。循引精兵大上，至丹杨郡_{今武定桥东南，长乐渡一带}，裕率众驰回石头，斩赤特以徇。遂出阵南塘，贼寇掠无所得，欲还。裕乃督兵进战，缚大筏，因风逼之，大败循众于江中，循遁还广州。自是，裕功名愈盛，十余年来，遂易晋而为宋矣。

第十三节　桂阳乱宋

宋兴以来，江南无事。元嘉之末，元凶弑逆，孝武中兴，新亭进师，有征无战，非韬略之所系也。至后废帝元徽二年，桂阳之师乃起。桂阳王休范，文帝少子也，自以属尊望重，觊觎大位，夏五月反于寻阳。侍中萧道成曰："昔上游谋逆，皆以淹缓致败，休范必轻兵急下。应变之术，不宜远出，坚守诸城以待贼。彼千里孤军，求战不得，自然瓦解。"乃将前锋军顿新亭，使张永屯白下_{即白石垒下，在今神策门外}，沈怀明戍石头。辛卯，休范前军至新林，道成筑垒犹未毕，使羽林监陈显达与战，小胜。壬辰，休范舍舟步上，遣其将丁文豪趋台城，而自攻新亭垒。道成悉力拒之，令越骑校尉张敬儿诈降，乘间夺其防身刀，斩休范首，驰归。道成因遣队主陈灵宝送诣台，道逢休范兵，弃首于水，挺身诣台，唱言已平，而众莫之信也。

第十四节　道成平乱

休范将杜黑骡攻新亭垒,自晡至明不能克。闻丁文豪破台军于皂荚桥今南门外铁心桥,因辍攻往会之。右军将军王道隆守朱雀门南临朱雀航,都城南门也,见势急,召领军将军刘勔于石头。勔至,令彻航以挫敌,道隆不可。勔战死,黑骡军乘胜济淮,杀道隆,于是中外大震。白下、石头之众皆溃,褚澄开东府城纳贼东府为扬州郡治,西临淮水,今驻防城左近,黑骡进至杜姥宅在冶城山一带,中书舍人孙千龄启承明门出降,宫省恇扰。俄而,丁文豪军知休范死耗,贼势稍沮,会陈显达自新亭入援,大破贼于宣阳门外庄严寺小市今笪桥市西,斩丁、杜二贼,遂克东府,余党悉平。道成振旅还台城,由是自恃功高,阴图不轨。司空袁粲欲诛之,褚渊泄其谋,道成遣兵袭石头,杀粲,绐众登城,不成战也。百姓哀之,歌曰:"可怜石头城,宁为袁粲死,不作褚渊生。"道成旋受宋禅,称齐高帝,传武、明二世,至东昏侯为帝时,而兵端又起矣。

第十五节　陈显达叛齐

陈显达,齐高帝旧臣也,闻帝好诛杀,内怀危惧。永元元年冬十一月举兵浔阳,诏平南将军崔慧景讨之,未行。显达已浮江下,乃以左兴盛督前锋军屯新亭,徐世标屯杜姥宅。十二月甲申,显达自采石进军新林,兴盛率众拒之。显达多置屯火于淮岸侧,谋夜渡。乙酉,率亲军登落星冈在今新亭乡,新亭诸军奔溃,遂渡淮由石头北上,宫城大骇,闭门设守。显达执马槊,与台军战于西州前西州即石头城,胜之,手杀数人。槊折,台军复集,显达败走至乌榜村在今冶城南张公桥一带,骑官赵潭刺落马,斩之,贼众歼焉。

第十六节　崔慧景叛齐

崔慧景既诛陈显达,帝心忌其功,诏讨寿阳今寿州裴叔业军,至广陵今扬州府而反。永元二年春正月,命左卫将军左兴盛督军御之。慧景自京口济江,进至临沂琅邪郡侨治,在今江乘镇中。领军王莹据湖头筑垒即玄武湖头,上带蒋山西岩。慧景至查硎今上元、句容相错处,或进计曰:"今平路皆为台军所断,不可直进,宜从蒋山龙尾上蒋山坡陀处,今龙广山是出其不意耳。"乃分遣千人鱼贯登山鼓叫,临城中。台军惊溃,左兴盛亦弃北篱门都城外北门而走,匿淮滨获渚中被杀。甲子,慧景入乐游苑今鸡笼山东北隅,进围台城,于时,东府、石头、白下、新亭皆溃。守御尉①萧畅屯南掖门,随方应拒,众心稍安。会豫州在今合肥刺史萧懿入援,自采石渡江,顿越城。崔觉将精卒数千渡南岸拒之,大败。觉单马退,开航撤浮桥也阻淮。夏四月癸酉,慧景弃军遁,懿渡北岸追逐之。蟹浦渔人斩慧景首,送建康,余党皆平。

第十七节　梁武帝起义兵

尚书令萧懿,勋高望重,嬖臣茹法珍谮杀之。其弟南雍州今湖北襄阳府刺史衍起兵襄阳,浮江南下。永元三年秋九月,前锋曹景宗自溧洲即烈山港,在采石东进屯江宁浦即今江宁镇,时太子左率李居士总督西讨诸军事,屯新亭,景宗奋击,败之。乘胜抵皂荚桥,以陈伯之为游兵,往来掩袭。于是,王茂据越城,邓元起据道士墩在越城西南,吕僧珍据白板桥今板桥镇。居士觇僧

---

① 《南齐书》作"守卫尉"。

珍兵少,径来薄垒。僧珍留兵拒守,自帅马步三百绕出其后,与守兵夹击,居士败走。冬十月甲戌,征虏将军王珍国等屯朱雀航南,背水而阵。义军纵兵冲击,众大奔,投淮死者积尸与航平,后至者乘之以济,因长驱至宣阳门。李居士遂以新亭送款,张瑰弃石头还宫。壬午,萧衍入镇石头,令诸军攻六门,筑长围以困之。会王珍国等惧罪弑帝,以纳外兵。十二月,衍入屯阅武堂,诛茹法珍等四十二人,进位大司马,录尚书事。由是,建梁国,受禅。其得天下甚易也,乃践阼至四十余年而失之于侯景。

第十八节　侯景作逆

侯景者,东魏叛将也,来归于梁。武帝中高氏反间,景大恚怒,举兵反。约临贺王正德为内应,自寿阳袭据历阳。太清二年冬十月,正德以平北将军屯丹阳郡,密遣大船迓景。己酉,景至慈湖今太平府江边有慈湖港,建康大骇。帝以机务悉付太子纲,命宣城王大器都督城内诸军事,军师将军羊侃副之。南浦侯推守东府,西丰公大春守石头,轻车长史谢禧、始兴太守元贞守白下,太府卿韦黯、右卫将军柳津分守宫城。庚戌,景由新林至板桥。辛亥,前锋夏侯缯次朱雀桁南,建康令庾信率东宫卫卒营桁北,将开桁撤浮桥也以遏贼锋,正德沮之。俄而景至,信令开桁,始除一舶,有飞矢中门柱,信弃军走。正德党沈子睦闭桁联浮桥也渡景,景乘胜至阙下,夏侯缯顿兵士林馆在宫城外西。元贞弃白下走,西丰公大春奔京口,彭粲以石头降景。

第十九节　景围台城

景于是列兵围台城,吹唇鸣鼓,百道进攻,羊侃随方抵御,仓猝不能克,乃分兵攻东府。十一月辛酉,城陷,南浦侯推死之。癸亥,戎昭将军江子一与弟子四、子五战死于承明门外。会征讨大都督邵陵王纶自钟离今凤阳府入援,步骑三万,由京口西上,景遣兵拒诸江乘。谯州刺史赵伯超曰,若从黄城大路今摄山江边龙潭一带必与贼遇,不如径指钟山,突据广莫门都城北门,出贼不意,破之必矣。纶从之,庚辰旦营于钟山,景见之大骇,分兵攻纶,纶击败之,引军下爱敬寺寺在钟山上。乙酉,进军玄武湖侧今名后湖,未战,景军退,安南侯骏逐之,败还。景乘胜攻纶大军,纶众溃,奔京口。十二月,羊侃卒,城中益惧。景决玄武湖水以灌台城,阙前御街悉为洪流矣。

第二十节　援台军集

是月杪,司州刺史柳仲礼、衡州刺史韦粲率众赴难,次横江西。扬州刺史裴之高自张公洲在采石江边,与蔡洲连遣船渡之,屯新林。众推仲礼为大都督,进次新亭,缘淮树栅。景率众至中兴寺在新亭乡挑战,仲礼坚壁不出。夜入韦粲营,部分诸军,令粲屯青塘,裴之高屯南苑,鄱阳世子嗣屯小桁皆在秦淮南岸,而自营朱雀桁南。三年春正月丁巳朔,大雾,诸军徙屯,粲至青塘立栅,未合。景登禅灵寺今仓巷西范家塘望见之,率锐卒来攻,粲战死,仲礼驰救不及,大败景众,仲礼亦被重创。自是,景不敢济南岸。未几,邵陵王纶收散卒自东道复至,屯于桁南骠骑洲今武定桥南。癸未,鄱阳世子嗣等将兵渡淮,焚东府前栅,进至菰首桥东青溪上,桥即复成桥遇伏,天门太守樊文皎战死。

第二十一节　景陷台城

当是时,台城久闭,饥疫死者大半。景军亦困,欲取东府城积米，而援军断其路，乃伪拜表求和，太子纲许之。二月，盟于西华门外，然长围终不解也。庚子，南康王会理等援军至马卭洲<small>在今大胜关</small>。景虑其自白下而上断江路，请悉勒屯南岸，太子纲乃令会理移军江潭苑<small>在新亭乡一带</small>。既而，景运米入石头已毕，乃复举兵向阙。城中登陴者不满四千人，犹望外援，而邵陵王纶、柳仲礼两军均闭壁不战。三月，南康王会理进营东府城北，景使宋子仙击败之，积其首于阙下，以示城中。会城中有谋叛者，丁卯夜于西北楼引贼登城。永安侯确力战，不能却，台城遂陷。景入，以白虎幡解外援军，幽帝净居殿，帝以馁崩。景立太子纲为简文帝，大宝二年，弑之而自立。荆州刺史、湘东王绎乃遣征东将军王僧辩、东扬州刺史陈霸先会兵东伐也。

第二十二节　元帝讨景

元帝承圣元年春二月庚辰，王僧辩督诸军至张公洲，侯景筑捍国城于朱雀大桁，使纥奚斤守之，以卢晖略戍石头。辛巳，西军乘潮入淮，进至禅灵寺渚<small>今斗门桥侧</small>。景以石沉船塞淮口，缘栅作城，自石头至于朱雀街<small>在大桁北</small>，楼堞相望。陈霸先谓僧辩曰：前柳仲礼数十万兵隔水而坐，韦粲在青塘竟不渡淮。贼登高望之，表里皆尽，故能覆我师徒。今围石头，宜渡北岸，诸将若不能当锋，霸先请先往立栅。壬午，霸先于石头西横垄筑栅至于落星墩<small>在冶城山后</small>，众军次连八城，直出石头东北。景恐西州<small>即石头</small>路断，亦于东北果林<small>石头、台城之间</small>作五城，以遏大路。使王伟守台城，宋长贵守延祚寺<small>在冶城山后，一名铁塔寺</small>。

第二十三节　僧辩平景

是月丁亥，西军毕渡淮水，王僧辩进至招提寺北在石头城后。景众屯西州之西，霸先以贼少我众，兵势宜分，乃令诸将别屯，景冲将军王僧志阵，僧志小却，霸先遣徐度将弩手三千横截其后。景兵退，霸先率王琳、杜龛等以铁骑乘之。僧辩大兵继进，卢晖略以石头降，景与霸先殊死战，弃槊执刀，左右冲阵，阵不动。景众遂大溃，诸军逐北至西明门。景不敢入台，而东走，未几为羊鹍所杀，王伟亦弃台城遁。僧辩遣杜崱入守之，拜表迎湘东王还都，不果行。王僧辩乃留镇建业，后陈霸先与争权，袭杀之于石头城也。

第二十四节　北齐入寇

陈霸先既杀僧辩，其部将杜龛反于吴兴今湖州府。绍泰元年，霸先奉梁敬帝东讨，留高州刺史侯安都宿卫台省。侯景故将徐嗣徽、任约复叛，冬十月丙子袭据石头，游骑至阙下，安都闭门示弱，夜为战备，且开东西披门出击，败其众。丁丑，霸先卷甲还都，使合州刺史徐度于冶城立栅，南抵淮渚。庚辰，齐将柳达摩自湖墅在六合江口渡江入石头，以援嗣徽。安都袭湖墅，断齐运道。韦载于大桁筑侯景故垒，使杜稜守之。甲辰，嗣徽攻冶城栅，大败。留达摩守石头，而自往采石迎齐师。丙辰，嗣徽引齐师至，霸先遣军屯江宁浦，嗣徽不敢过，安都以水军袭破之，单舸走。是日，达摩渡淮置栅亦为霸先所破，仍入石头。丁巳，霸先移栅北岸，绝其汲路。己未，督军四面攻石头，达摩求和，许之。齐师北归，嗣徽、约皆随之去。

第二十五节　霸先御齐

明年，齐人背盟，复来寇。夏五月庚寅，由芜湖至丹阳县今小丹阳镇。丙申，进至秣陵故治即今秣陵镇。霸先遣周文育屯方山在上元东乡，一名天印山，徐度顿马牧今通济门外，杜稜营大桁南。辛丑，齐兵跨淮立桥栅，夜度至方山。徐嗣徽自丹阳步上，霸先命侯安都、徐度还京师，而自拒嗣徽于湖熟至白城在湖熟旁。适与周文育遇，合击之，小胜。遣别将钱明率水军出江乘邀其粮运，尽获之。癸卯，齐兵自方山趋倪塘。六月甲辰朔，潜至蒋山，侯安都连破之于耕坛南在东北门外，近蒋山，进及龙尾道今呼龙膊子。众军分顿乐游苑、覆舟山，断其冲要。

第二十六节　齐兵败退

壬子，齐兵逾蒋山，至玄武湖西北幕府山南在今神策门外，将据北郊坛。台军自覆舟山东移屯坛北，文育、安都屯白土冈即神策门外白土山，与齐军相对。其夜大雨震电，平地水深丈余，齐兵昼夜坐立泥中，而台内及潮沟北今珍珠桥一带水退泥燥，众军每得番休。乙卯，霸先自将与齐军战于幕府山，安都坠马，萧摩诃冲入救免。吴明彻等首尾齐举，安都复自白下引兵横出其后，齐兵大溃，擒徐嗣徽，杀之，追奔至临沂，其江乘、摄山今名栖霞山诸军相次克捷。齐溃兵至卢龙山下今名狮子山，缚筏济江，溺死无算。已未，内外解严，加霸先丞相、扬州牧。由是，建陈国，受禅，传四世三十年，至后主而隋兵乃飞渡江焉。

第二十七节　隋师渡江

陈之季世，隋人尽得淮南长江以北地，使贺若弼为吴州总管驻今江都，韩擒虎为庐州总管驻今合肥，聚兵临江，刻期大举。晋王广出六合今县在江北，为诸军节度。祯明三年春正月，弼自广陵济江至京口，擒虎渡横江抵采石，南北并进。陈南豫州今太平府刺史樊猛，将青龙八十艘于白下游奕，以御六合兵。司马消难言于后主曰，贺若弼若登高举烽，与韩擒虎相应，鼓声交震，人情必离，急宜北据蒋山，南断淮水，陛下以精兵万人守城不出，不过十日，二将之头可致阙下。后主不从，使豫章王叔英屯朝堂，骠骑将军萧摩诃屯乐游苑，护军将军樊毅屯耆阇寺在鸡笼山西，忠武将军孔范屯宝田寺在今神策门外白土山北，中领军鲁广达屯白土冈，别遣镇东大将军任忠屯朱雀门。

第二十八节　隋下江南

辛巳，隋贺若弼进据钟山，韩擒虎次新林，宇文述自六合济屯石头城，以为两军声援。甲申，陈将鲁广达置阵白土冈，自居众军东南，萧摩诃、孔范等以次而北，绵亘三十余里，首尾进退不相知。贺若弼登山，望见众军，因驰下，广达力战，拒之，弼不能胜。更冲孔范军，范败走，众军惊溃，摩诃被擒。时南路韩擒虎已屯石子冈在南门外，今雨花山以南，任忠出降，导入朱雀门，乃进宫城，执后主。北路贺若弼乘胜至乐游苑，鲁广达犹督余兵苦战，及日暮，解甲就缚。弼夜烧北掖门，入与擒虎争功。丙戌，晋王广至，居台城，送后主归长安今陕西省。自是江南属隋。大业末，贼帅乐伯通、沈法兴、杜伏威迭据丹阳，互有小战。至唐武德中，岭南道今广东大使李靖来讨辅公祏，而江南始大定也。

第二十九节　唐代金陵诸乱

唐兴百有余年，江南无事。肃宗至德元载，安禄山、史思明未平，永王璘欲据金陵，如东晋故事。冬十二月，自浔阳引兵东下至当涂<small>今太平府首邑</small>，击斩丹阳太守阎敬之。明年，淮南招讨使李成式使判官裴茂来讨，列旗帜于江津。璘登城望之，有惧色。其别将浑惟明奔江宁浦，璘亦走死，未战而自败也。越三岁为上元元年，江淮都统刘展反，昇州刺史侯令仪遁，展入据江宁。二年春正月，平卢节度使[1]田神功奉敕讨展，自白沙济<small>今仪征江边</small>西趋下蜀<small>错句容、镇江界，今仍旧名</small>，展战败，将军贾隐林射之，中目而薨。平卢军大掠十日，江南财赋尽矣。又百有余岁，至僖宗光启二年，天成军使张雄屯扬州之东塘，遣其将赵晖据上元。晖叛雄，以兵断江，雄怒攻杀之，而自屯上元。冯弘铎代为刺史，以昇州附淮南杨行密。南唐李氏承之，干戈不用。天水<small>赵氏，谓宋也</small>应运，乃有战争，而天下为一矣。

第三十节　宋平南唐

宋太祖开宝七年冬十月，举兵伐江南，大将曹彬自采石济，败江南军于新林寨。八年正月，别将李汉琼取巨舰载荻，烧淮口水栅，拔之，副将潘美率众渡淮。二月癸丑，败江南军于白鹭洲<small>今上新河</small>。乙卯，拔昇州关城。夏四月，又败其军于秦淮北，遂围城。宋主命缓攻，以待其服，故相持不决，至冬十一月始进攻。丙戌，败之于城下。先是，曹彬等列三栅攻城，潘美居其北。以图上，宋主指北寨曰："此宜深沟自固，江南人必以夜来寇，可并力亟成之。"彬等即自督丁夫掘堑，堑甫成。江南军果来袭，彬等即纵其至，徐击之，歼焉。彬知城破在旦夕，

---

① 当时应为"平卢都知兵马使"。

乃与诸将焚香设誓，不杀一人。乙未昼晦，金陵城陷，后主率群臣降。曹彬振旅而归，自称江南勾当公事，不伐其功也。自是又百有余年，高宗南渡而兵事乃起焉。

第三十一节 金兵内犯

建炎三年，汴都_{今河南省}不守，金兵日南，杜充以江淮宣抚使守建康，列戍江南岸。冬十一月壬戌，金乌珠[1]自马家渡_{即砂冈洲，今下三山有炮台}济江，都统制陈淬战败，退屯蒋山死之，杜充遁。乌珠遂入建康，由广德_{州名，今属安徽}趋浙。明年夏四月，自浙归道京口，浙西制置使韩世忠扼诸金山下_{在镇江，对瓜洲口}。乌珠不能渡，乃凿老鹳河_{自镇江通建康，今名刀枪河}故道二十余里，通秦淮，一夕渠成，金师遂趋建康。右军统制岳飞于牛头山_{在南门外，即天阙山，今名牛首}设伏，夜令百人衣黑混入金营，内外夹击，败诸清水亭_{在牛首山侧}。五月壬子，金人焚建康，掠人民财物，欲自靖安_{在草鞋夹以下}渡宣化_{今六合江口}而去，飞又败诸龙湾_{即龙江，今下关是也}。乌珠率舟师出江，与韩世忠海舟相持于黄天荡_{在观音门以下周家山口，今仍旧名}。金人乘天霁无风，以火箭射之，海舟不能动，遂败退。乌珠因绝江而北，自是金兵畏长江之险，不敢南窥。迄至宋末，虽屡有警报而不见干戈，即蒙古巴延[2]由上游趋建康，亦兵不血刃。逮元末，而淮右真人乃应运而出焉。

第三十二节 明取江南

元顺帝至正十五年，朱元璋_{即明太祖}起兵濠上_{今凤阳府}，由和阳_{今和州}渡江取采石，将攻集庆路_{即金陵}，擒义兵元帅陈埜先，释

---

① 即兀术，下同。
② 即伯颜。

之。埜先收余众屯板桥，复与元行台御史大夫福寿合，拒战于秦淮水上，元璋军失利。埜先率众追袭，经葛仙乡_{在江宁南乡}，民兵百户卢德茂刺杀之，其子兆先复据江宁镇。明年春三月，元璋部将冯国用攻降之，即以兆先众五百人为前锋，败元兵于蒋山，直抵城下。元湖广行省平章阿鲁辉来援，败走至城南杏花村_{今新桥南花盝冈是}，兵变遇害，元璋合势并进，竞前拔栅。元主将福寿坐凤凰山下伏龟楼_{今南门外凤台门}督战，不胜，死之。元璋遂克集庆路，改路为府，曰"应天"，诸将奉元璋为吴国公。越四年，而陈友谅乃来犯金陵也。

第三十三节　友谅内犯

元末群盗蜂起，陈友谅据湖广，称汉，改元"大义"。忌吴之强，于是年闰五月率众南下，袭取太平_{府名，今属安徽}。应天大震，或谋以城降，或欲奔据钟山。刘基不可，曰："天道后举者胜，吾以逸待劳，何患不克？莫若倾府库，开至诚，以固士心，伏兵伺隙以击之，取威定霸，以定王业，在此举也！"吴公意乃决，召指挥康茂才曰："汝与友谅雅游，吾欲远其来，汝可作书约降，告以虚实，使分兵三道，以弱其势。"茂才遂令阍者潜至友谅军，友谅得书，大喜，问："康公今何在？"曰："见守江东桥_{今水西门外}。"问桥何如，曰："木桥。"乃与约曰："吾至，则呼老康为验。"阍者归报吴公，亟命易桥以石。谍者言友谅问新河口路_{今水西门外上新河}，乃命赵德胜跨新河，筑虎口城以待。

第三十四节　友谅败退

当是时，常遇春、冯胜率帐前军伏石灰山侧_{今神策门外}，徐达陈兵南门外，杨璟屯大胜港_{即大胜关}，张德胜、朱虎率舟师出龙江即下关，吴公亲总大军于卢龙山即狮子山。令偃黄帜于左，赤帜于右，戒曰："寇至举赤帜，举黄帜则伏兵起。"乙丑，友谅军至大胜港，杨璟率众拒之。港狭，舟不得并进，友谅遽退出大江，径冲江东桥。见桥皆大石，连呼老康不应，悟茂才使诈，即率舟师趋龙湾，先遣万人登岸立栅。众欲战，吴公曰："天且雨，促食，乘雨击之。"众未信，忽风起西北，须臾，大雨。赤帜举，诸军竞前拔，友谅麾众来争，战方合，雨止。吴公命鼓，黄帜举，常遇春等伏兵起，徐达军亦至，张德胜、朱虎舟师并集，内外合势。友谅兵大奔，诸军追至慈湖，焚其舟，乘胜复太平府。友谅遁回湖广，吴遂定金陵为国都，寻建号曰"明"，称皇帝。自是承平者三百余年，天命归清，小腆乃稍有不靖焉。

第三十五节　海师入寇

郑成功者，明季封延平王，赐朱姓，人呼为"郑国姓"者以此。两都明南北二京既覆，倔强闽海十余年，窥伺长江者屡矣。顺治十六年夏六月，自江阴入口。壬子，陷镇江，江宁戒严，总督郎廷佐督众城守。秋七月丙寅，海师进薄观音门。戊辰，成功由仪凤门登岸，军白土山，列舟师于江东门外，使马信等陈兵汉西门，陈鹏等屯东南角，依水为营；刘国轩等屯西北角，傍山立栅，张英等屯岳庙山与白土山相连，连诸镇，为成功大营护卫。以甘辉、余新前当兵冲，万礼、杨祖守大桥山在钟阜门外，翁天祐守仪凤门要路。乙亥，我师薄余新营而败。成功骄甚，以生日置酒，不设备，会崇明县在海口总兵梁化凤来援，绕道入城，夜穴神策门，引五百骑突犯余新营。海师出不意，惊溃，新败，入萧拱辰营。化凤乘之，拱辰亦败，新被擒，翁天祐救之不及。

第三十六节　海师败退

我师既胜，乃尽出骑兵列城外，或劝成功退屯观音门，不从。调姚国泰、杨祖、蓝衍、杨正屯山上，甘辉、张英屯谷内，林胜、陈魁列山下，陈鹏、蔡禄往来接应，仓卒移帐，营垒未成。壬午旦，化凤率骁骑薄杨祖营，祖迎战不支，与姚国泰、杨正俱败走，蓝衍斗死。陈鹏、蔡禄来救，化凤从山上驰下突之，鹏、禄亦溃。总督郎廷佐方巡城，见驻防将哈哈木兵少却，大惊，急麾劲骑自钟阜门出，绕至成功大营后。俄见山上旗，喜曰："吾家兵山上胜矣。"两军既合，乘势掩杀。成功在山上督战，见蔡禄等败，属潘庚钟曰："尔立盖下，代吾指麾，吾往催水军也。"既至江心，望诸军披靡不堪，乃飞帆遁。庚钟至死不去其盖，陈魁趋救，中箭死。甘辉、张英在谷口不得去，英战死，辉被擒，至金水桥在驻防城中斩之。万礼力战于大桥山，亦覆没，江宁之围乃解。是皆战于郭外，未尝入城也。越二百余载，至道光二十一年，英吉利入犯长江至下关，居民大恐。幸互订和约，受款而退。又十载而金陵遭洪杨之乱，其祸惨酷矣。

第三十七节　粤寇攻陷金陵

洪秀全、杨秀清，皆广东人也。秀全自称天王，以秀清为东王，假邪教以惑众，肇衅于粤西，蹦湖湘、扰鄂汉而声势愈大，长江千里，水陆并进。咸丰三年春正月，两江总督陆建瀛自武穴在湖北黄州境败还，弃梁山在太平府江边险隘不守，贼遂破安庆，自太平四合山顺流下。壬申，焚板桥；癸酉，掠江宁镇，转至响叶树在南门外十里，欲突聚宝门南门也，门闭不得入。踞报恩寺塔，俯瞰城中，将军祥厚等率众登陴。乙亥，贼船自大胜关泊至草鞋夹_{皆大江南岸}，绕城西南筑垒二十四。二月丁丑，贼诈称援军至，焚七里洲_{在上元门夹江}作烧贼船状，以诱我启门。上元知县刘同缨缒伪差官上讯得实，乃击以炮，伤贼数百人。戊寅，贼攻南门不克。仪凤门外有静海寺，院宇宏敞，贼潜于其中穴城。乙酉晨，大雾，地雷发，城崩，贼拥入，旗兵力战驱贼出，以土囊填其缺。俄顷，第二雷发，兵勇割耳献功者未归伍，遂不支。而三山门_{即水西门}侧有矮城，贼又以云梯上，兵勇惊溃，南北贼合势掩杀，旗兵退守内城。贼追围之，力战两昼夜，会火药被焚，贼乘虚入，将军祥厚以下皆死之，贼屠驻防城。戊子，杨秀清奉洪秀全入城据守，号金陵为"天京"，而分兵四出，镇江、扬州皆告陷矣。

第三十八节　江南向军

是月之杪，钦差大臣向荣率众自九江_{在江西境}追贼，下至江宁镇，舍舟登陆，由淳化镇绕道而东，破贼二十余垒，遂壁孝陵卫_{在朝阳门外}。三月庚戌，破贼通济门外三垒。乙卯，袭据七桥瓮_{在沧波、上方二门之间}，断贼南北往来路。丁巳，乘雾夺钟山，遂傍城筑十八垒，贼不敢启东门。是年冬，江宁廪生张继庚要结同志，谋翻城应外兵，先后七上书，并潜诣大营订师期。终以雨雪失约，谋泄遇害。自是相持三年，时有小胜败。我军遂由上方门迤逦而南，克雨花台石垒，逼聚宝门而营，以为可以合围矣。而顿兵城下，四出救应，营垒空虚，炊烟日减。贼觇知之，乃密约镇江贼自东来，拊官军背，而溧水贼横截其旁。六年夏五月，杨秀清自率悍党扑七桥瓮营破之，南北路断，各营不战而溃，由淳化镇过句容退守丹阳。未几，城贼自相杀，秀清及伪北王韦昌辉先后死,伪翼王石达开叛走。惜城下无官军,不能乘机进取也。

第三十九节　江南和军

是岁冬,钦差大臣和春接统江南军,先克镇江,由句容、溧水扫荡而前。七年冬十一月,复壁孝陵卫。八年春,副将虎坤元围贼秣陵关,中炮死,总兵李若珠克其城。三月,总统张国樑败贼七桥瓮,李若珠往来诱敌,城中贼出,大队逆战,国樑、若珠合兵截之,围其东南二门。总兵戴文英会攻雨花台、印子山①在雨花山东南,大破之,又败贼于铜井在西南乡江边、慈湖。五月,副将张玉良、冯子材击退太平、神策门扑营之贼,平东北城外,贼垒殆尽。是时,金陵围师八万人,凿长濠以困贼,绵亘百余里。七月,城中贼悉锐出突长濠,张国樑乃令东北围师分攻太平、金川门,西南围师捣雨花台,而以亲军御城贼。策马为诸军先,逾沟烧贼屯,贼溃入城,不敢复出。至十年春,长濠成围合,洪秀全促诸路贼入援。三月,杨辅清自溧水犯秣陵关,李秀成自句容犯淳化镇城。贼复日夜攻孝陵卫大营,张国樑苦战八昼夜,不能退贼。会将士以饷不时给,心皆携贰,私布传单。已酉,大雷雨,酷寒,一夜之间各营火起,自相惊溃。国樑负重创,退至丹阳,投水死。自此以后,金陵城下无官军者二年。

第四十节　曾军东下

两江总督曾国藩既拜钦差大臣之命,移镇安庆,使其弟

---

① 印子山:今作"窨子山",下同。

国荃统师乘胜东下。同治元年夏四月，前锋夺烈山，辛巳，进屯板桥。癸未，掠大胜关、三汊河。甲申，会兵部侍郎彭玉麐[1]水师克头关_{即上新河}，夺蒲包洲，泊金陵之护城河口，国荃遂驱陆军直逼雨花台而营。秋，军中大疫，死者山积。闰八月，忠酋李秀成率苏州悍贼来援，东自方山，西至板桥，连屯数十里，围攻大营。国荃誓死不退，以病卒守棚，自率健锐者日夜拒战，左颊中枪伤，犹裹创巡营。幸天气高寒，疫气渐退，贼所掘隧道屡发，皆不能洞穿，势亦稍沮。九月，侍酋李世贤复自浙江纠众至，合秀成军，号八十万，乘锐急攻。国荃闭壁不出，相持两昼夜，始遣万人尝敌，破其坚垒十三，士气大振。冬十月壬午，国荃引众出濠，克十余卡，知贼不任战，乃遣李臣典出东路，曾贞干出西路，彭毓橘、萧孚泗出南路，分烧贼营。贼不能支，遂大奔窜。是役也，萃十三伪王之众于一隅，凡四十六日而围解，于是军心乃益固矣。

第四十一节　扫荡城外贼垒

同治二年春正月，大学士曾国藩来视师。夏四月，李臣典等克雨花台、石城。六月，陆军提督鲍超自江浦来会攻，连克草鞋夹、燕子矶贼垒。于时，九洑洲_{在龙江北岸，地属江浦已克}，沿江两岸皆肃清。秋七月，诸军夺上方门、印子山、江东门贼营。九月，取中和桥、七桥瓮、双桥门、土山、秣陵关、博望诸隘。总兵朱洪章壁钟山，朱南桂屯淳化镇。自是，金陵东南无贼垒，统帅大营移劄孝陵卫。三年春正月，克钟山天保城，断

---

① 当作"彭玉麟"。

神策、太平二门往来道,遂合城围。夏五月,伪天王洪秀全以事急,仰药死。己巳晦,提督李祥和攻克龙广山石垒,贼所谓地保城也。自此以后半月不收队,炮击处,城堞皆圮。

第四十二节　收复金陵

统帅虑师老变生,督诸将于炮密处潜穴其下,而积湿蒿覆沙土,高与城齐,声言将践登,以疑贼。六月甲申,地道成,令诸营备募死士,誓先登。乙酉日午,太平门火发,城崩二十余丈,李臣典等蚁附而上。贼倾火药烧我军,众稍却,彭毓橘、萧孚泗手刃数人,弁勇争奋,乘城缺入。朱洪章、沈鸿宾、罗雨春等攻中路,绕覆舟山麓。刘连捷、张诗日、谭国泰等攻右路,循台城趋神策门。适朱南桂由云梯升,遂合取仪凤门。左路则彭毓橘由内城至通济门,萧孚泗夺朝阳、洪武二门,守陴贼诛杀殆尽。而罗逢元等由聚宝门入,李金洲由通济门入,陈湜、易良虎由汉西、水西二门入,于是九门皆破,日已暝矣。贼犹保伪天王府,夜半火起,余贼挟伪幼主洪福瑱[①]突围走。张定魁等追至湖熟而还,凡杀贼三千有余,李秀成、洪仁达等皆伏诛,江南平。

---

① 洪福瑱:即幼天王洪天贵福。

卷三　地理

第一章　江宁府城中街道

第一节　两县街道总会

城中街道，上元、江宁两县分辖，以中正街为界，东历万寿宫，转大中桥抵通济门；西历上元县署前、珠宝廊、羊市桥、红纸廊、朝天宫街、堂子大街，抵汉西门。上元治其北，江宁治其南，而清凉山北、威凤门^①南，东包陶谷，西界石头山，又为江宁所辖，与其南城界不相属，盖悬居上元界中，所谓插花地也案，宋元旧城止于北门桥，城中两县实以南北分界。迫明初建城，西北拓十余里，江宁村郭包入城中，故与其南界不相属也。若今所开铁轨道，则自金川门入，历三牌楼、狮子桥、钟鼓楼，转十庙前，绕督署东偏以达于中正街，是皆属于上元界，而与马车路分轨并行。盖近年来新筑马车路，在上元界者十之七，在江宁界者十之三，尚日日有所增，故不能限其地而详记之云。

第二节　上元街道

上元界中东西街，则极北有洪武街，东南至浮桥，西至莲花桥。次北有西华门大街，在督院前，东入驻防城，西过大行宫为土街。大行宫者，皇帝南巡驻跸处也。又西历双石鼓街，

---

① 清代为避爱新觉罗·溥仪名讳，改“仪凤门”为“威凤门”，下同。

至罗寺转湾^①，南折又西达汉西门。南北街，则东北有花牌楼街，北历吉祥街，抵大行宫前，转碑亭巷，有碑颂豫亲王下江南德政，今圮。又北至成贤街武庙前。由花牌楼街，南过门楼桥，明开平王常遇春之门楼，花牌坊即建其后也。桥南出为中正街，正北有北门桥街，南唐宋元之北门。在此过桥，北抵忏^②经楼，南唐后主赞佛处。又北至鼓楼，状如城阙，下通三门，明制也。又北，东过和会街，抵威凤门。由北门桥街南历故^③衣廊，过沐府西门，明黔宁王沐英遗址也。又南，经糖坊桥、新街口、漾米桥、高井，抵下街口，出红纸廊。又自漾米桥南斜出，为明瓦廊、破布营、木料市，以达于羊市桥街。

第三节　江宁街道

江宁界中东西街，则有讲堂大街，陈太守鹏年毁南市楼妓院，设堂宣讲圣谕处也。西过斗门桥，宋刁彦能常设斗门于此，又西历油市达水西门。从油市北转，有仓巷出至朝天宫街，朝天宫，古之道观也，今为府学文庙。由讲堂大街东过果子行，历坊口、驴子市、承恩寺、淮青桥、致和街，抵大中桥；稍南有贡院前街，沿秦淮北县学、文庙、东牌楼直抵信府河，明信国公汤和府遗址也。又西南，交南门大街，北行转三坊巷，历江宁县署，西穿颜料坊、小彩霞街，抵斗门桥、渡船口而止。极南有钞库街。东自东水关头，沿秦淮南石坝街，石坝，明之长板桥所改筑也。西南，过大油坊巷至英府街，明英国

---

① 罗寺转湾：今名为"罗寺转弯"，下同。
② 该处为李煜忏经之所，故名，今名"唱经楼"。
③ 故：今作"估"。

公张辅故宅在此。又西，交南门大街，历沙湾、钓鱼台、船板巷、柳叶街，抵下浮桥之北，临西水关而止。南北街，则西有评事街，南过大彩霞街转入上浮桥，出柳叶街，由评事街北至笪桥，宋笪道源所建也。南有夜市，故呼为"笪桥市"。北出下街口，东历羊市桥，南转内桥大街至府东大街，江宁府署在其西。又南交驴子市，至三山街、大功坊，明中山王徐达府在坊东，今为布政使司署。由大功坊南大街直达南门大街，此皆衢路之交通者，故略志之。至于经纬错杂，闾巷贯穿，地僻城隅，茫然莫辨。虽生长其间，趾踵亦不能遍历也。

第二章　元宁两县诸山

第一节　上元诸山

昔人谓黄山为金陵元脉，自徽宁而来，先至于句容，为三茅山，仙家谓之"华阳洞天"。其北峙者，为宝华山，俗呼花山，佛国之净域也。自是西南行，入上元界，过汤山下有汤泉，在上元县城东六十里，以至于天印，天印者，方山也在上元县城东南四十五里。其南界江宁者，曰土山在上元县东四十里，晋谢安筑东山别墅于此。迤北，有青龙山在上元外郭麒麟门东南。耸峙乎大江之滨者，曰栖霞山，齐明僧绍隐居处也，以产药草可摄生，故一名摄山在上元县城东北四十里。相近有乌龙山在上元城东北三十里。沿江西上，至观音门有直渎山，其东麓曰燕子矶在上元城北二十里。稍转而南，山石崎岖，沿山有十二洞者，曰幕府山在上元神策门外，晋王导开幕府于此。跨城而西顾者，曰狮子山，即古卢龙山，以形似而锡是名在上元威凤门内，与乌龙山皆有临江炮台焉。绕城转东，有大壮观山_{在上元西北神策门、太平门间}，西北俯后湖。东南凭城垣为一府之镇者，曰钟山，以汉蒋子文杀贼于此，故姓之曰蒋山_{俗呼紫金山，在上元东北朝阳门外}。

第二节 城内诸山

由钟山入城，而右有覆舟山，一名龙舟山_{在上元太平门内}。相属有鸡鸣山，或谓之鸡笼山，明设观星台于上，曰北极阁，改名钦天山_{在覆舟西二百余步}。迤西为小仓山_{在鸡鸣山西南}，山麓有随园，钱塘袁枚退隐之所，墓即在其山巅焉。又西为石城山_{在上元西石城门内}，即孙吴石头城址_{石突出城垣外者，俗呼鬼脸城}。由是以达于冶城山_{在上元西石城门内}，晋谢安、王羲之登临处也，故其后小阜又呼为谢公墩。从冶城山南逾秦淮，至江宁之凤台山，宋元嘉中凤栖处也，土人名为花盝冈_{在江宁县西南}。隔城相连者为古长干，由古长干随城而转，有赤石矶耸于东北坡陀。入城一冈突起，曰紫岩_{在江宁南门东偏}，上有周处读书台，是皆聚宝山之分支焉。

第三节 江宁诸山

聚宝山者，梁僧云光说法而天雨花于此，故名其山为雨花台。遍山皆生玲珑小石，又呼之为石子冈_{在江宁城南门外里许}。由石子冈南行，冈峦合沓，背立而独高者为牛首，以形似而名_{在江宁城南三十里}，晋王导所指为天阙即此。相望者为祖堂山_{距牛首五里}，六祖懒融驻锡处也。又五峰联峙于东南，曰吉山_{在江宁东善桥之上村}，上有梁将军吉翰墓。迤西南有朱门山，转而东有云台山_{皆在江宁城南六十里}。又南曰横山，春秋时楚子重伐吴至于衡山，衡与横同，即此山也_{在江宁城东一百二十里，与溧水、当涂分界}。由朱门西上有慈姥山_{在江宁城西一百一十里}，循慈姥浦西北行，遂至于烈山_{在江宁城西南七十里}，而江宁之界尽矣。此皆峰崇岭峻，灵秀所钟，在天有兴云作雨之神，在地有扼险当冲之要，故陈其大概如右。若夫小小冈阜，无关形势，则不复详记云。

第三章　元宁两县诸水

第一节　大江西来

大江西自安徽来，过太平入江宁县界，首受慈姥港水_{今日和尚港东下为镰刀沟①}。又东过烈山港，受铜井镇溪水。又东受木龙亭水，又东北径三山矶，江宁浦水入焉_{诸水皆导源朱门山}。又东北受板桥浦水，俗曰人字河_{案，木龙亭水、江宁浦交萦于此，成人字}。又东北至新林浦_{水源出牛首山，至西善桥入浦}，今谓之大胜关港。港水受阴山西北溪涧以达江，所谓阴山河也。阴山河较诸浦为巨_{诸浦广不数寻，长才十里，夏秋霪霖，劣通山货，冬春水涸，曾不容刀}，自官庄铺下流分支，由毛公渡径赛工桥以通明城濠_{见后}。城濠水上承秦淮之支流，其北醹渠达上新河，曰所河。上新河者，沿江大埠商贾之所萃也。北分一支自东而西入江，曰北河口。又北醹一渠径三叉河②至下关入江，昔之中新河也。今新浚，通舟楫，谓之四叉河。案，江水自大胜关港而下，以至于下关，凡所受上新河水、北河口水、四叉河水，皆秦淮之支流也。

第二节　秦淮来源

淮水有二源，其西源出溧水东庐山，北过石湫坝入上元

---

① 镰刀沟：又作"镰刀湾"。
② 三叉河：今作"三汊河"。

界,径秣陵关东九里,汀水自西入之。汀水南发陶吴镇东龙山下,古金陵镇也,一曰秣陵浦。淮水又北至方山下,受东源水。东源淮水出句容华山南,合茅山水。西北入上元界,径湖熟镇,赤山湖水合,石溪水自长溪来会之。东淮水又西径龙都镇,支流合于解溪镇水,又西流折而北至方山埭,与西源合流。旧传始皇凿断冈垄以通水,故谓之秦淮。秦淮水由方山埭合流北行,吉山东涧水入之,水导源吉山,由童家桥东流。有水自东北殷巷来,合流至马门桥,又东至清水亭达于淮。淮水又北,牛首山东涧水自西入之,涧自牛首东流,历陈墟桥、曹家桥,又东历河定桥南,以达于淮。

第三节　诸水汇淮

淮水又北,径土山,又西北流过上方门桥,桥有支河通高桥门,其水穴土城而入者,曰小水关。水与淮水合流西北,历七瓮桥[①]、中和桥,至通济门外九龙桥,明城濠水入之。明城濠水者,明初拓北城引钟山水入濠。南径朝阳门外平桥,又南径洪武门外夔角桥,又南至通济门外九龙桥,合于淮水西流入江宁界。其在通济门外之淮水,仍循城为濠。南径聚宝门外长干桥,落马涧水自北来会之,又折而西径三山门外觅渡桥,与城内之淮水合。

第四节　青溪汇淮

城内淮水,自通济门东水关入,会杨吴城濠水,昔杨吴筑金陵城,浚濠水以护之。自北门桥东流折而北至莲花桥,进香

---

① 七瓮桥:即"七桥瓮"。

河之水入焉进香河水源自后湖,穴城入,由十庙、九眼井径石桥、红板桥、仙鹤桥、通贤桥至莲花桥,合于淮水^①。又东流径浮桥北,珍珠河之水入焉珍珠河,古之潮沟也,导后湖水,自太平门北水关入城,经土桥、珍珠桥南至浮桥,合濠水。又东迤南至竹桥,青溪支流自驻防城入焉前湖旧通青溪,明筑宫城填塞之。其余水自东安门流至厚载门而绝,又自厚载门西流,穴城而出,达于竹桥之濠水。又南至复成桥,明御河水自东来注之御河在旧内,有桥五,自东而西曰青龙、曰白虎、曰会同、曰乌蛮、曰柏川。又分御河支流于午门内,有五桥毗连,曰内五龙桥。复迤逦流至柏川桥下,合而西注于复成桥之濠水。又南过大中桥至东水关,与淮水合。淮水又西至淮青桥,与青溪水合。青溪发源钟山,南流入城,故迹多湮,惟余一支自青溪里巷侧五老桥南流,过寿星桥以至昇平桥,入于南唐宫濠宫濠,即护龙河也。前有天津桥,今呼内桥。又东南径四象桥以达于淮,淮水、青溪合流于桥下,故桥曰"淮青"矣。

第五节　运渎汇淮

淮水又西南,径利涉桥,受小运河水小运河受南冈以北水,汇五板、观音、藏金、采簰、星福、小心六桥之流,至金陵闸入淮,今皆半湮。又西南,历文德、武定二桥,以至镇淮桥。镇淮,南门内大桥也。又西过新桥、上浮桥至斗门桥,与运渎水合。运渎水在上元、江宁之间,由内桥引青溪,过鸽子桥至笪桥,再西穿鼎新桥、文津桥、望仙桥、张公桥直抵西城,从铁窗棂而出,以达于外城濠。又分流自笪桥,西南过草桥、红土桥,至斗门桥入于淮水。淮水又西,过下浮桥,出西水关与城濠之淮水合流。径觅渡桥、石

---

① 淮水:应为"濠水"。

城桥,沿城垣至威凤门外惠民桥、新洋桥,以达于江。

第六节　江水下游

江水由下关而北,径草鞋夹入上元界,古靖安河水入焉。靖安河水由张阵湖下流,历幕府、石灰诸山而来。其别支自平桥下,东南流径外金川门,历通江、临江、小复成诸桥。又流经内金川门之西入城,有闸俗呼为北水关。其水历大市桥、狮子桥,至北门桥入河。江水又东至观音门,古直渎水入焉。直渎水自迈皋桥以南,会钟山东北诸山水,由大水关、傅家桥而西注于江,河道萦纡不绝,惟狭不通舟耳。江水又东北至摄山,新开河水引与通焉。新开河一名便民港,俗呼为倒浆河者即此,源出于衡阳、雄亭、栖霞诸山溪涧,合流而成,河径石埠桥以入江。江水又东下为黄天荡,古之至险处也,今沙洲积长,风浪亦渐平善矣。水势下趋又东径龙潭,遂入于句容界焉。综而计之,江水为干,诸水为枝,绮交脉注,胥恃此为委输,灌田畴、通行旅,其关系于农商甚重。而炮堤、战舰扼要分屯,尤于兵政为急,则地水之义,岂不大哉!

第四章　元宁两县乡镇

第一节　上元乡镇

上元所辖之乡,凡十有七,而四镇即错于其间。龙都镇为泉水乡,秦城冈为道德乡,红杨墅[①]为静洁乡,湖熟镇为丹阳乡,南北侯村、时庄为清化乡,淳化镇、咸田、宋墅[②]为凤城

---

① 红杨墅:原书误作"红杨树"。
② 宋墅:原书误作"朱墅"。

乡,高桥门为仪政乡,沧波门为兴贤乡,麒麟铺为开林乡,土山、解溪、上下蒲塘为崇礼乡,汤水为神泉乡,平家冈、东流、西流等村为宣义乡,石步镇为长林乡,姚坊门为清风乡,神策库、周家山、阳明塘为慈仁乡,旗手卫、临山桥、小复成桥为金陵乡,仙鹤门为北城乡,此皆府城东北附郭内外之地也。

第二节　江宁乡镇

江宁乡镇,旧分四路,在东路,有陈墟桥,为太白、新亭二乡;有殷巷,为随车、万善二乡;有秣陵镇,为驯犀、太南二乡;有禄口镇,为葛仙乡;有周干圩,为永丰乡;有砂子冈,为凤东乡。在中路,有东善桥,亦太南乡;有元山镇、陶吴镇,为朱门、处真二乡;有横水桥,为山北乡;有小丹阳,为山南乡。在西南路,有六塘桥,为铜山乡;有铜井、牧龙亭,亦处真乡;有朱门镇,亦朱门乡;有江宁镇,为惠化乡。在西北路,有安德门,为安德乡;有凤台门、西善桥,为凤西乡;有盘龙庙、板桥,为光泽乡;有谷里村,为建业、归善二乡。其西南附郭地,有双桥门之菜园务,为开元乡;有上新河,为沙洲乡;合之为二十二乡。彼四郊什伍离之地,则不在此数云。

第五章　元宁两县界址

第一节　上元陆界

上元县,江宁府附郭首邑,境辖城东一面,北宽南狭。自汉河口至乌刹桥一线,下垂又有越辖之地,故衺广斜直,难以言状。自神策门至观音门江边,径直十四里;自聚宝门东南至丁公山溧水、当涂两界口,径直七十四里;自朝阳门东至汤水镇句容界口，径直四十里。其三山、聚宝二门，即与江宁分界。又自下关江口，东历观音门至三江口，计迂曲江边八十余里，与扬子、六合分界。江心自三江口，南历龙潭、汤水、土桥至高阳桥，计迂曲界边一百五十余里，为句容界。自高阳桥西南至乌刹桥，计迂曲界边二十里，为江宁界。自乌刹桥西南至丁公山，计迂曲界边八十余里，为当涂界。自横溪桥东历乌刹桥，北循秦淮而上至下关江口，计迂曲界边一百三十里，亦为江宁界。统计积地三千三百四十一方里，合一万八千顷云。

第二节　上元水界

长江形势，旧以燕子矶为险要，近则沙洲涨漫，此处已成夹江，矶在平陆。长江深流，徙在八卦洲之外，故江防须与扬子、六合、江浦分阸①。下关与浦口相对，两岸江滩俱有涨沙，芦苇丛杂，夹江分歧，防江师船所宜注意者也。上元城东南、东北，众山环拱，绵亘江边，沿江东面并无通口。惟下关一河及新开四汊河，南接秦淮，通句、溧各境，与江宁分辖，自为统境干流，亦出江要害也。其陆路，以龙潭、汤水为西来要镇，栖霞、巴斗各山临江屏列，与江北之灵岩山对峙，足资瞭望。至境内之水，则溧水石臼湖、句容赤山湖两巨浸汇入，三汊口来源也；由三汊口归秦淮河，北流入江，去委也。本境山多水少，形胜实甲于东南焉。

第三节　江宁陆界

江宁县，亦本府附郭，与上元同城，境辖西南一面。自聚

---

① 分阸：应为"分扼"。

宝门直南至碾砣桥当涂、上元两界口,径直六十三里;东南至上方镇上元界口,径直二十二里;南少东至三县塘上元、句容两界口,径直四十九里;南少西至陶山当涂界口,径直五十八里。西南至和尚港当涂界口,径直六十三里。自和尚港口北,东历烈山、大胜关至下关口,计迂曲江边七十余里,与江浦分界。江心自下关,沿秦淮河东南至上方门,自上方门不沿秦淮,由上方镇至土山镇迤南,复沿秦淮至乌刹桥,自乌刹桥不沿秦淮,西出碾砣桥,共计迂曲界边一百四十余里,为上元界。自碾砣桥西南至小丹阳,自小丹阳西北至和尚港口,计迂曲界边六十余里,为当涂界。其东猴山、岩郎渡[①]一带,复有辖地一百六十余方里,在上元、句容境内,隔秦淮一河界,不连属。全境地形斜方而缺东面一角,统计积地三千四百一十四方里,合一万六千四百余顷云。

第四节　江宁水界

江宁沿江一面,与江浦分界,下关口为入境要津,西北对浦口,径直十三里;西南对江浦江面,径直二十一里有奇。三口相距,自成犄角之势,防守最为紧要。其大胜关、板桥、江宁镇、牧龙亭、铜井镇,俱近接江边,江船至此可以收泊,惟不能径达内地耳。境内水道,亦以秦淮为干流,而支河甚少。自聚宝门下抵小丹阳,众山络绎,阔约一二十里不等,绵亘境中。故长江支港不能东达,秦淮分流不能西通,必自下关绕道也。其陆路支干,纷歧四出,无险可守,惟横溪桥当当涂来路,乌刹桥当溧阳来路,较为扼要焉尔。

---

①　岩郎渡:一作"严郎渡"。

卷四　人类上

第一章　本境世族

第一节　吴晋世族

江左名宗，陶氏为最古，谦开其始谦，丹阳人，徐州牧，璜、回两世，赓续不穷璜为吴交州牧，有威惠。回乃璜从子，晋散骑常侍，雅正不阿。张闿承子布之基闿，张昭曾孙，晋尚书，平苏峻有功，甘卓缵兴霸之绪卓，甘宁曾孙，晋镇南大将军，讨王敦被杀，薛氏则莹、兼相继莹，丹阳人，吴光禄勋，入晋为散骑常侍。子兼，官太子少傅，张华目为"南金"，纪氏则陟、瞻并称陟，秣陵人，吴中令。子瞻，晋骠骑将军，佐元帝有定策功，其渊源有自矣。至于琅邪之寓迹，为乔木之世家，王导之胄裔有彪之晋光禄大夫，与谢安齐名，有昙首宋侍中，文帝佐命臣，有僧虔齐开府仪同三司，清俭不营财产。颜含之孙曾①有劭②宋江陵诺议参军，以不从谢晦反，仰药死，有延之宋光禄勋，能文章，有见远齐御史中丞，梁武帝受禅，不食死，望而生敬者，六代之衣冠也。

第二节　宋代世家

宋承南唐，巨室具在。刁彦能之子有衎彦能，上元人，南唐抚州节度使。衎仕宋，为兵部郎中，预修《册府元龟》，孙谦之孙有继邺谦，昇州人，南唐长剑都指挥使，伐闽战死。继邺，宋步军都虞候，有战功，皆能不陨家声。中叶以来，邵必、邵亢，以文学名必，昇州人，官龙图阁直学士。从子亢，官资

---

① "孙曾"应为"曾孙"。
② 劭：应为"邵"。

政殿学士。李琮、李回，以干济著琮，江宁人，绍圣中，忤丞相章惇，仕至高阳路安抚使。子回，事高宗，劝立艺祖诸孙为皇子，仕至江西安抚大使。即会之秦桧字，状元境其居处也之奸，万年遗臭，而父有秦济，知湖州而流惠；兄有秦梓，避溧水而洁身；曾孙有秦钜，判蕲州而效命，采葑采菲，无以下体，遗之可矣。

第三节　元代儒族

蒙古最重色目人，以汉人、南人为下等。然自古之学建康人请置路学，儒籍诗书，旧族不失素业者尚有其人。杨刚中字中行，上元人，以儒学提举说《诗》讲《易》，榜其庐为"霜月斋"，御史聘主文衡者屡矣，后升翰林院待制学者，号通微先生。其子翩字文举，官太常博士，好古敏求，著《佩玉斋类稿》，乡邦人物赖以流传不朽之盛业也。王昇渊上元人，才名著江左，意不可一世，独奇其子元宾，以为非常人。元宾少从杨刚中学，知世变，决意不仕。溪渔子王显者，元宾子也，少尚奇节，继而折节读书。谓汉无儒者，惟贾生、诸葛孔明差足当之，唐陆贽粗有识，然不足希王道。其识之高迈若此，殆硕果之不食者耶。

第四节　明代勋戚

明太祖定鼎金陵，迁江南豪民于云贵，而徙苏浙富户实京师，城厢由是无旧族。乡镇所遗，纪、陶、甘、卞诸姓，仅有存者上元有纪家边，江宁有陶吴镇、甘村，高淳卞姓，皆云壶后。而勋贵，徐、常阀阅相望大功坊及东西花园，皆徐氏旧居；花牌楼、常府街，皆常氏旧居。道光中，上元诸生徐硕、常葆华，其后也。兰氏以西河寓公兰以权，本姓蛮，明祖赐以姓，官应天府尹，遂家于此，伍氏以灵台世职伍儒，精西洋历算，屡掌钦天监事，赐第天津街，舍宅为寺，额曰"清真"，今尚存，皆入官籍，流传及今。至于沈仲铭，本万三之弟，自滇戍归，充卫户数世，而有越为巡按御史越仵严嵩，归隐韩府山，号"韩峰"，朝阳为楚府纪善朝阳贯通经史，住马道街。朱贤㳚乃齐王之子，以废藩赐居陪京数世，而有可湙，封镇国将军可湙，字碧山，嘉靖中，以宗禄久缺上疏，奏对称旨，知壋复管理宗室知壋，字炎洲，崇祯初为宗长。其后裔性堂，道光三年进士，开国承家，爰及苗裔，枝叶为最繁已。

第五节　南京仕宦巨族

　　簪笏高门，留都为夥。张文僖公益字士谦，江宁人，正统时为阁臣，与太常少卿王一居上元人同殉土木之难。其从子琮，公正自持，门无私谒，镇淮桥侧有赐第，犹令人过而矜式焉今张都堂巷是。倪文僖公谦字克让，上元人，官至南京礼部尚书，文章华国。其子文毅公岳字清溪，官至吏部尚书，济之以经纶韦、平之业也。王给事徽字尚文，南京锦衣卫人，有声谏垣。其子太仆韦字钦佩，守法不挠。其孙逢元字子新，独以文词书法显，超然于富贵之外矣。何参议汝健字龙崖，南京留守右卫人，喜奖后进。其子佥事湛之字公露、巡按淳之字太吴，政绩从文学而成。湛之子栋如字充符，复以抗阉系狱，官止太仆，不克大展其才，奏议二卷，子孙犹世守之同治中举人，何延庆，其后也。顾司寇璘字华玉，号东桥，上元人，才猷卓越，扬历中外，晚年致仕，领袖词坛居中正街，有顾尚书坊。其弟墣字英玉，号寒松，官至按察副使，狷介之性，老而弥笃，至不受其兄之馈，尤人所难。璘曾孙梦游字与治，岁贡生，当鼎革之朝，不仕二姓。盖明季顾氏列学校者三十余人，儒业至今未坠也今商部顾祖彭，其后也。张参将如兰南京留守左卫人，以武科发解，风流儒雅，文武兼资所居名张家衙。其子可大官南京右府都督，镇登州，经济蔚然，为同官所扼，卒死登州之难孔有德反吴桥,登州巡抚孙元化不听可大计而败。其孙怡字瑶星,号白云,荫锦衣千户专精经术,时属易代,遁迹栖霞山名,复乎,其不可及已今举人张修爵,其后也。

第六节　南京鼎甲之家

明代以科目取士,最重鼎甲。景榜眼旸字伯时,号前溪,上元人,司业莅官,正身进讲,其子孙四世皆诸生。邢探花一凤字羽伯,号雉山,南京龙江卫人,奉常家居,留心民瘼。其从子有都,好读奇书,音韵算数无所不通,堂构为有托矣。若先世积累之厚者,焦文杰世职千户南京旗手卫人,好整以暇嘉靖中,振武营兵变,文杰按戢所部,无敢哗。其子殿撰竑字弱侯,号澹园,谥"文端",博洽绝伦,耽心著述,官虽不达而名愈高。其孙润生,官曲靖知府,身殉孙可望张献忠余党之难焉。朱沅州衣字杜村,南京锦衣卫人,湘南作牧,治尚循良。其子殿撰之蕃字元介,出使朝鲜,严重有体,宗伯归隐,花竹自娱。其孙从义,官浙江副使,以勤慎著称。澹园、元介,可谓无愧龙头所居至今名焦状元巷、朱状元巷,而作述俱贤已。余巡按光字古峰,江宁人,以忭严嵩罢。其子孟麟,廷对第二,官至祭酒,戆直亦有父风。顾太守国辅字毅庵,南京金吾卫人,扬历浙、楚,擘画有方。其子起元字太初,谥"文庄",廷对第三,以少宰告归。避阉党之祸,七征不起。子孙世守儒业,至今二百余年道光中,诸生顾人龙等,皆其裔也。"遯园"之额在花蕋冈,犹巍然独峙云。

第七节[①]　南京儒业故家

陪京士夫,亦多望族,欧阳太守荣字爱溪,上元人与子汝和、

---

① 第七节:原文误作"第九节"。

孙序等，以雍睦为里中最，式好之所为名堂也_{堂在评事街}。姚典客涮_{字秋涧，江宁人}弃官养亲，其子之裔，淡于声利，其孙履旋，治邑廉简，著绩巴东。市隐园之数椽，三世守之矣_{园在武定桥}。若夫征文考献，端赖故家。王郎中銮_{字西冶，南京锦衣卫人}，直谏立朝，风节严峻。子可大_{字少冶}，台州出守，触忤分宜_{严嵩，本籍}。与弟可久_{字丹邱，诸生}皆熟乡邦掌故，少冶有《金陵名山记》，丹邱有《金陵风俗记》。而曾孙万禩又有《金陵名山记》，殆舆地之专门学欤。路行人伯镗，养望清闲，能耐冷局。子九同，通山作令，不阿上官。孙汝捷，新城罢归，闭门却扫，是诚清白传家者。而汝捷子鸿休_{上元诸生}，自号青岩逸叟，著《明代帝里人文略》，胜朝人物不随南都以俱亡者，青岩之力也。盛文学鸾，赋性笃实，自号养拙翁。子时泰_{字仲交，上元诸生}，跌宕不羁，娱情山水，著有《牛首》《栖霞》《祈泽》八志。孙敏耕_{字伯牛}，博学强记，编纂《江宁县志》。搜讨宏富，不独周晖_{字吉甫，上元诸生}所辑《金陵琐事》，足传风土也已。

第八节　金陵八旗世家

国朝定鼎之初，于边要诸省设旗营以镇之，自协领以下皆为世职，即古之封建也。金陵驻防于今二百余年矣，生齿浩繁，其钟毓于山川，渐染于风俗者，代不乏人。如尚德之该备_{尚德字鹤亭，官骁骑校，工文词}，而子寿昌继之_{寿昌字湘帆，以进士官主事，闻金陵陷，念母忧，卒}。勒尔额安之风雅_{勒尔额安，字耐溪，官协领，筑精舍于半山寺，听泉自娱}，而子奎光继之_{奎光，字益之，袭父职，殉癸丑之难}。萨毕图服官广西，优于谋略，其子善庆，以知县见重上官_{萨毕图，官苍梧知县，防剿有方，善庆，亦有循声}。炳元箷仕湖北，长于抚绥，其子承荫，以进士洊升阁学炳元字煦村，以举人官襄阳同知，乞归，筑退园于糖坊桥。承荫，字小村，曾充山西主考，莫不有所表见，在人耳目之间。至于咸丰癸丑之变，丁壮妇婴同仇敌忾，丹心碧血照耀千秋，实足为南畿之弁冕焉。

第九节　国朝巨族一

金陵朱氏，来自吴门胤昌字嗣宗，应天诸生。遭有明之季，遁迹不仕，门多公卿六合李敬，官刑部侍郎；叶灼棠，官福建兴泉道，皆其弟子，文中子之流也。子塍字鹿冈，倜傥有文武才，可称奇士。孙元英字师晦，以传胪官编修，躬行实践，以朱子为师，其本正矣。曾孙有澜字安斋，官直隶按察使，屡平反冤狱，玄孙有绍曾字鲁门，官云南布政使署巡抚，事平苗有功，有续曾字芝园，官广西太平知府，解散乱民，不以兵往，皆驰驱于仕路而来。孙桂桢字干臣，以进士官至广东巡抚、两署总督，卒，谥"庄恪"，实集其大成，公正廉明，讲求吏治，办理夷务，尤合机宜。解组家居，不治邸第，仍住北门桥故宅，督抚中之铮铮者也。其可与抗衡者，惟寿州籍邓氏及桐城籍二方氏焉。邓检讨旭字元昭，官至洮岷道，始迁江宁，定居城南万竹园，传五世而至廷桢字嶰筠，官至陕甘总督，效力海疆，与林文忠公则徐比烈。其子尔恒字子久，由云南布政使升陕西巡抚，为回党何有保所戕，谥"文恪"，以刚直被祸。尔晋字子楚，以知府从军，江南营溃，与子嘉绪同死以勤瘁致身科第，至今仍绵绵不绝也。方同知仲舒，以上元拔贡宦浙。子苞字灵皋，号望溪，官至礼部右侍郎，文名盖海内，为一代经学之宗。其兄舟字百川，上元诸生，才足相埒，而降年不永。裔孙先甲字慎之，亦诸生，复殉粤寇之难，可伤也。方中书式济，坐《南山集》，累谪戍。卜魁子观承字宜田，官至直隶总督，谥"敏恪"，孙维甸字葆岩，官至闽浙总督，谥"勤襄"，世为封疆,谟猷卓著。而受畴字来青,亦官直隶总督复能继之,可谓弈世簪缨矣。

第十节　国朝巨族二

金陵世家,有以赐人籍者,邵阳车编修鼎晋,以万育之子万育,官兵科给事中,迭主文衡丁艰时,召校《全唐诗》,开局江宁,归老怀园在五福横首街。而有子敏来字逊躬,官隰州知州,奋迹循良。曾孙持谦字秋龄,诸生,尝辑《顾亭林年谱》,蜚声艺苑。宣城梅文穆毅成,以文鼎之孙文鼎字定九,工天算,供奉内廷,仰承绝学,而有子钺以遗疏恩赐举人,创建江宁支祠,敦尚行义。曾孙曾亮字伯言,以进士官户部郎中,驰誉古文,后起皆不乏人焉。至于服官已久,而子孙间入外籍者,江宁司马侍郎駉字溶川,官至东河总督,治河著绩,其孙楠字峄亭,官平彝知县,殉苗匪难,以死勤事。从孙钟字秀谷,官三角淀通判,画品通神。江宁叶中丞世倬字健庵,官至福建巡抚,功在台湾。其子德豫字立凡,官保定同知,宣防劳瘁,曾孙守矩字仲方,以进士官刑部主事,京职清贫。上元范光禄鏊字叔度,以进士官刑部主事,洊升寺卿,用法平恕。其子承典以进士官至通政副使,雍容词馆,孙先凯官江西星子知县,博雅能文。或寄迹大兴司马、范二氏,或流寓宝应叶氏,无非蕃衍之椒聊也已。

第十一节　国朝巨族三

江南缙绅,有科第累世者,上元戴瀚字雪村,乡、会、殿试皆第二,受世庙特达之知通榜也,以编修侍直官,至左庶子,主试贵州,督学福建。其从子祖启字未堂、翼子字芑泉,皆成进士。祖启官国子学正,精研经训,翼子官监察御史,有伉直声。其孙辈衍善、衍祜、衍祚、衍祉,俱名诸生,以文行著称者也。江宁秦大士字礀泉,居江宁县侧,今名秦状元巷,以殿撰起家,官至侍讲学士,典试福建,告归养亲。其子承恩字芝轩、承业详见高隐，皆入翰林。承恩官至刑部尚书，承业官至工部侍郎。其孙继曾承恩子，以举人官工部郎中。纯曾承业子，以进士官四品卿。象曾，以父荫，官越巂同知，实能不陨其业焉。又有兄弟竞爽者，汉西门大街易氏上元人，长华、长桢皆以进士出身，扬历中外长华，官至山东按察使；长桢，以编修典试山西。篾街吴氏江宁人，继昌、鼎昌、吉昌皆以翰林筮仕，各见才猷继昌，官绍兴知府；鼎昌，官广西布政使，吉昌，官洳河同知。易驾桥李氏上元人，光裕、光昱、光业皆举人，而光晋独以进士显，盖富而好行其德者。东花园陈氏上元人，克广、克鸣、克宽亦皆举人，而克广为江华知县，以不滥刑传。牌楼大街田氏上元人，宝双、宝书、宝瑚皆名诸生，而宝琛以举人为绩溪知县，岁荒平粜，牒请缓征，非所谓居心仁恕者耶。

第十二节　国朝儒族一

从来文儒之家，郁久必发，如端木文学长淑江宁诸生，居长干里，子廷桢，拔贡生，孙煜、炳，皆诸生，煜、杰，皆进士煜官主事，杰官编修，炜、焯，皆举人。而曾孙坦字履之，以进士官宝庆府同知主试云南，琛字子畴，以优贡官至内阁侍读进书陈戒，皆在莅官中书时焉。龚文学元忠江宁诸生，居仓巷，子孙枝，以进士官至曹州知府，孙涵、林、渤皆诸生。曾孙鲲，以举人洊升湖南按察使，平反冤狱，有足多者。何文学辉上元岁贡生，居望仙桥，子友蘅，亦名诸生。孙其兴，以进士官至山东盐运使；其盛改名桂芬，以编修官至陕西潼商道，皆有干练之才。曾孙忠万以举人官宿迁教谕，儒官忤时，蹈海而死，则刚直太过也。汪文学遇开上元诸生，居长干里，子本以岁贡选沭阳教谕，炳文以举人选淮安教授，鸣以举人官泾州知州,恩以进士官安徽兵备道。孙嘉昇、曾孙汝式,皆以名诸生,幕游公卿间。汝式从弟复当,癸丑之变,杀贼而后死,其豪快尤不可及已。

第十三节　国朝儒族二

丁文学鳌_{上元诸生},居下街口,子壎、垣、增、培、壿、坛,皆诸生;孙金榜、金诏,皆举人;而金科、金镕、金相,皆以诸生殉癸丑之难,其节烈无贻先人羞矣！张文学齐_{上元诸生},居堂子大街,子师说、师式,皆举人,师郿、师益、师游,皆诸生;孙介福以进士官衡山知县,曾以编修官湖南衡永道;而曾孙继庚_{字炳垣},诸生于咸丰甲寅之年倡办内应,为贼磔死,至为惨伤焉。曹孝廉庚_{江宁举人,居马家桥},子含晖,诸生,孙淼,副贡生;淼以进士官至大同知府,致仕家居,合室殉难。士鹤以进士选渭南知县,身殉危城,其妻管怀珠,举人同女也。前死于金陵,非所谓白首同归者耶。诗书气厚,蕴积成忠,有固然也。

第十四节^①　国朝儒族三

方文学中矩_{江宁人},子为楫、为梅、为柏等,皆诸生;至孙廷炜_{居红花地}、曾孙培基辈_{居三坊巷},而合室皆烬。黄广文瑞_{上元人,居仓巷},子昇遇为江都训导;孙纯熙、曾孙鹏年、玄孙德符,皆诸生;至来孙汝玉、汝金辈_{居武定桥西,今名黄状元巷},而合室皆烬。谌文学永恕_{上元人,工医},子宏德、锦涛,皆诸生;孙配道,以举人选旌德教谕;至曾孙命纶、命官、命恩辈_{或居下浮桥,或居状元境},而合室皆烬。焦国学以衍_{江宁人},以孝旌,子若鉁,以岁贡选兴化训

---

① 第十四节:原文误作“第十三节”。

导,若钧以举人选南阳知县;至孙子深、曾孙长龄辈居磨盘街,而合室皆烬。余如管文学子书,与子近仁、近忠辈偕死居下浮桥,俞文学恩绶与弟恩纶偕死居上新河。儒门节义,盖有指不胜屈者矣。

第十五节 ①　金陵义行之家

好义者后必昌,此定理也。上元胡阳生,生当明季,散财赈济,建大来别业,藉土木之工以惠贫民。有孙任舆字芝山,乡试、廷试俱第一,以殿撰官谕德。值吴、耿三藩之乱,与同县张英等捐赎难民,粤人建报恩书院祀之。曾孙本渊字愚溪,以进士官国子监学正,复以文学世其家焉。嘉庆中,里人设救生局以拯溺,同善堂今改崇善以恤嫠,倡首者伍光瑜、胡钟、陈授三乡贤,甘福、杨铨两孝子也。光瑜字孚尹,上元诸生,有子长华、长英等长华,字实生,廷试第三,官至湖北巡抚;长英,以举人官常德同知。胡钟字晚晴,江宁人,以举人官至遵义知府,有子澄、沛等澄,字芸泉,举人;沛,字燮园,诸生,死粤寇之难。陈授字石渠,江宁诸生,有子维垣、维屏等维垣,字丰之;维屏,字剑芝,同榜进士。垣官中书,屏官至广西右江道。甘福字德基,江宁人,议叙按察司经历衔,有子煦、熙等煦,字耆壬,以副贡官太平教谕;熙,字实庵,以进士官郎中记名道。杨铨字衡斋,江宁诸生,有子长年字朴庵,以举人选武进教谕,强半以科名显。迨同治初,江南乱定,伍承钦字式之,长华子,以举人选教谕、陈元恒字葆常,维垣子,举人、甘元焕字建侯,福侄,以举人选教谕、甘塏字子纯,福侄孙,以诸生候选太常博士等,与石楷字东山,江宁人,候选道、方培容字子涵,以训导从使西洋保府通判诸人规复堂局,可谓克绳祖武矣。又王墅村孙祖瑞

---

① 第十五节:原文误作"第十四节"。

上元诸生，敦宗睦族，嘉庆十九年旱灾，一村数千家，独力赈贷。厥后，粤寇之难，其孙辈念扬字显甫，副贡生与邻村周肇元举人、王大任诸生等集资设留养局，以居城中逸出之众，凡万余人。与康熙时胡、张辈之措施，有过之无不及也。

第二章　本境仕宦

第一节　历朝仕宦

抗徐、张磐皆丹阳人，徐为长沙太守，磐为交阯太守，奋于汉季，各立方面之勋。陈有淳于量建康人，官水陆都督诸军事、车骑将军，南唐有边镐金陵人，官武安军节度使，皆以武勇成其功名，南人柔弱之讥，吾知免矣。逮及炎宋，陈承昭昇州人，官右龙武统军，尝督治惠民、五丈二河熟悉水利，卢鉴昇州人，知秦州，从讨西夏李继迁深得虏情，秦传序江宁人，官夔峡巡检使，死蜀寇张余之难殁于王事。张颉江宁人，官荆南发运制置使，溪猺悉受约束谙南蛮之情实，俞棐江宁人，官述古殿直学士论学校之盛衰，俱经国才也。至王纶建康人，知江宁府躬莅乡郡，昼锦开堂，韩魏公琦亦有昼锦堂不得独擅其美已。天水赵姓望族季世，官籍式微。潘汇征建康人，嘉定时进士，知繁昌县以儒术饰吏治，不愧理学之名。刘定国建康人，幼至孝，宝祐四年进士，官太子宾客，随扈崖山，奉使未及难，题诗石上，投海而死移孝作忠，追随文天祥、陆秀夫之后，实为名教之完人焉。

第二节　明代仕宦一

明太祖起于群雄，性多猜忌。上元杨宪、江宁夏煜宪，中书右丞；煜，总制浙东亲侍帷幄，而皆以不良死，昧明哲保身之义矣。景泰初，俞纲上元人以诸生骤擢兵部右侍郎，入阁办事，破格用人，其若此乎。成化、弘治之世，治号极隆，留都人才亦于是时为盛。童宗伯轩_{字雪崖，南京钦天监籍}，学贯天人，立身端毅。吴司寇文度_{字交石，江宁人}，当官謇谔，内行尤敦。刘司空麟_{字南坦，南京广洋卫人}，直节清修，不为时屈，皆尚书中之佼佼者。李太仆应桢_{字贞伯，上元人}，学术纯正，不写佛经。金都宪泽_{字德润，江宁人}，勋著西南，蛮酋服化。陈中丞镐_{字矩庵，南京钦天监籍}，湖湘剿贼，群仰恩威。与弟钦_{字自庵}，清惠宜民，望崇众母，均省寺监司之良也。武将若都胜_{南京羽林右卫人，官都督金事}、刘玺_{南京龙骧卫人，官与胜同}，廉公有威，人以都豆腐、刘青菜目之，其清介可想已。

第三节　明代仕宦二

正德之朝，嬖幸用事。李熙_{字师文，上元人}、邵清_{字士廉，江宁人}，皆以御史被杖；何主事遵_{字味淡，南京钦天监籍}，又直谏而死，节义之风凛然。余如姚太守隆之洁慎_{隆，字西津，南京锦衣卫人，官荆州知府}，李宪副重之丰棱_{重，字远庵，南京金吾后卫人，官江西按察副使}，卢苑马璧之坚贞_{璧，字玉田，南京金吾右卫人，官寺卿}，阮金事厔之清静_{厔，字凤墩，南京鹰扬卫人，官九江金事}，所谓邦之司直非耶？嘉靖、隆庆以还，政纲渐弛，然如梁端肃材_{字俭庵，南京金吾右卫人，官户部尚书}，善于理财；周襄敏金_{字约庵，南京府军右卫人，官南京户部尚书}、王襄敏以旂_{字石冈，江宁人，官兵部尚书}，谙练边事，战守得宜。石冈治漕，尤拳拳于海运，见及三百年之后，其识可谓远矣。崇祯之季，时事万无可为，而程阁老国祥_{字我旋，上元人，所居今名程阁老巷}，清执之操守之弥坚，以视货利自封者何如哉！固不得概以亡国大夫訾之也。

第四节　国朝仕宦一

康熙时，江南缙绅，率多京职。罗秉伦_{字振彝，江宁人}，由编修起家，官通政使，创元宁会馆于都城；东归里后，造闸于西水关，以蓄泄水，即以官名之曰"银台闸"也所居甘雨巷旁，亦名银台第。吴启昆字宥函，江宁人，以编修转御史，巡视北城，筑义冢，以葬乡人、客死者；别造上江会馆于宣武门西，皆可谓勇于为善矣。雍乾之际，陈其凝字秋崖，上元人，雍正初进士为给事中，有平粜救荒一疏。葛祖亮字雨亭，上元人，乾隆初进士为礼部主事，有禁铜分界一疏，《食货志》之佳篇也。自时厥后，经济发舒。陈步瀛字麟洲，江宁人，乾隆中会试第一奏绩回疆，摧强恤弱，仕至贵州巡抚。董教增字观桥，上元人，乾隆中廷试第三，文弛武张，功著于蜀、秦、皖、粤，仕至浙闽总督，皆一时之良臣焉董后谥"文恪"。

第五节　国朝仕宦二

道咸以还，雍容辇毂，则有礼部尚书何汝霖字雨人，江宁人，卒谥"恪慎"亲承顾命，宗人府丞温葆深字明叔，上元人，以重宴琼林加宫保衔识拔伟人大学士宝鋆、左宗棠皆其所荐士也，刑部侍郎夏家镐字伯音，江宁人折冲译署初设总理衙门，时为章京。既已各奏尔能，而章沅字荆帆，上元人，以进士官山西按察使、周开麒字石生，上元人，廷试第三，官浙江按察使、蔡世松字友石，上元人，以进士累官安徽司道，内用太仆少卿、姚锡华字实安，上元人，以进士官云南布政使、陈之骥字叔良，上元人，以进士官湖南按察使、方俊字伯雄，上元人，以进士官云南迤西道诸人，才猷卓著，不愧监司。至潘忠毅铎字木君，江宁人，以进士累官云贵总督，为回酋所戕身领兼圻，蹈刃不悔，不愈为桑梓增重也哉！若夫守监牧令如侯学诗字康衢，上元人，以进士官抚州府知府、陶绍景字京山，江宁人，以乡试第一，官至淡水同知、冷震金字怡清，上元人，以举人官嘉义知县、罗凤仪字亦凡，江宁人，以进士官河南荥阳知县，以劳卒，县入祠祀之、陈士全字纯斋，上元人，以举人官望都知县之伦，清勤、干练不一，其途皆可入循良之传也已。

卷五　人类下

第三章　本境文学

第一节　历代文学

江南,儒学之邦也。汉末唐固_{丹阳人,有《国语注》},望重经师,夐乎尚已。六朝人文,琅邪王氏居其半,而俭、筠最为著名_{俭,字仲宝,齐侍中,留心三礼,尤善《春秋》,撰定《元徽四部书目》;筠,字元礼,梁度支尚书,其诗以一官为一集,与从兄泰齐名}。隋唐之际,诸葛颖_{建康人,官至朝散大夫为晋王广参军},庾抱_{江宁人,官至中书舍人为太子建成记室},皆幕府之隽才也。天宝诗人王昌龄_{江宁人},独出冠时;而许恩擢第,归省江宁,杜甫送之,所谓许八拾遗者是。李白深交周惟长_{江宁人},实居横山,与王炎_{上元人}水亭并蒙题咏。上元冷朝阳,在大历十才子之中,亦其亚也。逮及宋世,刁约之藏春坞_{约,上元人}、张次山之寿乐堂_{次山,江宁人},皆见于苏轼之诗。南郭先生陈辅_{建康人}、湖阴居士杨骥_{江宁人},亦赖王安石而显。至段缝_{字约之,上元人},与安石游,不从其志,尤为难得耳。吴可_{字师道,上元人}行高履洁,人以宦官党丑诋之,《藏海居士集》具在,其诬可不辩而明矣。若谈《周易》者,有郑央_{上元人};善周官者,有陈已_{江宁人}。当道学盛行之日而从事经术,亦庸中之佼佼者已。

第二节　明代儒学

明代经学荒芜,而马太守琬_{江宁人}能治《左氏春秋》,并工小学、篆籀。伊金事乘上元人与子柳州同知伯熊,孙山东参政敏生,曾孙兵部员外郎在庭,世传易学。沈处士琪上元人,越之父也,越见世族,精研《毛诗》。吴文学国贤上元人,岁读《十三经》一周。郑道光上元人,探讨六书,晚号水云逸史;其孙簠,手摹金石,构灌木楼以贮之,世所称谷口先生者,是可谓风雨不改其度已。若夫良知之学,王文成守仁提倡于中叶。其时,应天提学耿定向建崇正书院于清凉山,以诱掖后进。闻风兴起者,焦文端竑见世族而外,殷少宗伯迈字伯野,南京留守后卫人、吴少司寇自新字伯恒,江宁人,皆宗其教旨。李郎中逢旸字翰峰,南京金吾后卫人、杨贡生希淳字道南,上元人,因心得悟,操守方严。李教谕登字真如,上元人,纬之以文章;向大令德象字惟恭,上元人,励之以气节,皆蹈道之效也。王太守尧封字尔祝,上元人,爱才如命,烛事如神,笃志躬行,老而弥笃,阳明之流泽长矣。

第三节　明代词章家

从来文章,巨公每萃。都辇王贞庆南京勋卫籍,号金粟山人,与岩景、王麟皆上元人同结青溪吟社,皆景泰十才子中人也。正、嘉之世,金琮、史忠皆上元人,齐名二隐,而醉吟放诞,则痴翁史忠别号,所居望仙桥,一名史桥优于赤松山农金琮别号多矣。陈指挥铎字大声,南京锦衣卫人,跌宕自豪,尤工词曲,教坊中称为乐王,有以也。金陵二俊,顾璘见世族、陈沂字鲁南,上元人,以进士累官山西行太仆卿,著述极富实当之。东桥璘别号家居结社,许榖字石城,上元人,以会试第一,官至尚宝寺卿,所居名许家巷、谢少南字与槐,上元人,官陕西布政使、金大车字子有,江宁人,嗜古工文,以举人终、陈凤字羽伯,江宁人,官陕西参政皆以后进从游。其时,司马太守泰字西虹,上元人,官济南知府,亦约江宗海字蓉夫，江宁人，号秋宇居士、徐应坤江宁诸生，自号竹溪散人等，为三余雅会，诗酒流连，可谓盛矣。启、祯之季，杜濬字茶村、林古度字那子、余怀字澹心之流，慷慨激昂，声成变徵，作诗者其有忧患乎。至于眷怀故国、黍麦兴悲，则纪青字竺远与子映钟字伯紫、张琪字兴公与子揔字南村，长歌当哭，前喁后于，洵无愧于逸民也已。

第四节　国朝制科

国朝累开制科，得人最盛。博学鸿词，一举于康熙时，上元倪灿、江宁黄虞稷字俞邰，皆以诸生选翰林检讨，纂修《明史》。白梦鼐字仲调，与兄梦鼎号江宁二白则以进士入试，时已官大理评事矣。再举于乾隆时，何梦篆字退夫，江宁人亦以进士入试，加中书衔，还广东新安知县任。其同被征者，上元程廷祚字绵庄，晚号青溪居士，卒，祀乡贤、许锵字贤声，江宁龚缨字孝水、黄涛楫字逢源，皆诸生。而廷祚复与翁荃和风翔荃，字止园，江宁诸生，风翔，其弟子也同举经明行修科，是固通汉宋之学而以博雅著称者也。至南巡召试，以一等授中书者，严长明字东有，江宁人，官至内阁侍读、周发春字青原，上元拔贡生、司马奲字达夫，河督骕子也、董教增见仕宦四人。长明、发春后皆入值军机房，盖政事文章，相为表里焉。乾隆时，会试特开明通榜，江宁宁楷字栎山，幼孤贫，卖卜于市。知县张嘉纶异之，以童生送入钟山书院，肄业，为山长杨绳武所赏，由此举进士，选潜山教谕，实至者名自归，不必作士不遇赋矣，是皆光绪中经济特科之先声也。

第五节　国朝书算、考据之学

天文数术，六艺之一耳。金陵工此者，梅毂成见《世族》、严长明见前编外，谈泰字阶平，上元举人，选南汇教谕、周榘字幔亭，上元诸生，居清凉山下、**陈懋龄**字勉甫，上元副贡，选青阳训导、**谢廷逸**字野臣，上元人、**陈旸**字子瑶，上元诸生，类皆通经生家言，融会中西，而非仅以算博士传者耳。若夫六书之学与金石碑版相通，胡镐字圣基，江宁诸生、**张宝德**字榕园，以诸生举孝廉方正、**陈宗彝**字雪峰，江宁诸生、**吴继曾**字痴仙，上元诸生、**杨大埇**字雅轮，江宁诸生、**杨俊**原名得春，字柳门，上元诸生、**孙文川**字澂之，上元诸生，以熟悉洋务，保至知府诸人，皆精研训诂，参订形声，凡究心经训，未有不据为根柢者也。而金鳌字伟军，江宁诸生、**朱绪曾**字述之，上元人，以举人官至嘉兴知府者，考据词章，华实兼茂，其著述犹未尽散佚也已。

第六节　国朝词章家

金陵古文家，方侍郎苞见《世族》实为翘楚。管同字异之，上元举人、**梅曾亮**见《世族》传其义法，许宗衡字海秋，上元人，以进士官起居注主事继之，稍溢出于桐城派矣。其工于骈俪者，王友亮字斝亭，江宁人，以进士官通政司副使、**马沅**字湘帆，上元人，以进士官御史、**蔡琳**字紫函，江宁人，以进士官主事、**金和**字亚匏，上元诸生诸人，沉博绝丽，六朝之法乳传焉。至于诗词名流，则何采字省斋，上元人，以进士官翰林侍读、**程邃**字穆倩，上元人，与太仓吴祭酒伟业友善，见于《梅村诗集》。迨袁太史枚退隐随园，主持东南坛坫，金陵士被其容接者，何士容字南园，江宁诸生、**陈士毅**字古渔，江宁诸生、**曹言路**字淡泉，上元诸生、**杨若偕**字仲箎，江宁诸生，皆附骥尾以传者也。厥后，杨辅仁字乐山，上元诸生、**顾槐三**字秋碧，江宁诸生、**车持谦**见世族等，结苔岑诗社。侯云松字青甫，江宁举人，官太平教谕、**马士图**字菊村，江宁诸生、**陈太占**字花农，上元人，工画等，尝谦集于汤都督贻汾之琴隐园汤，字雨生，武进士，以副总兵致仕，居江宁，殉难，谥"贞愍"，作青溪耆老会，文采风流，固未歇也。若王章字雨岚,上元诸生、凌煜字伯炎,上元人,以军功保知县、何咏字梅屋,江宁诸生、周葆濂字还之,江宁人,宝应训导诸人,当乱离之世,感事伤时,其诗格又因之一变矣。

第四章　本境武侠

第一节　元、明武侠

孔子曰:"好勇不好学,其蔽也乱。"则血气用事者,岂足以称侠烈哉? 元末,有尤六十者江宁人,力负万斤,而性不好斗。有时力发不可忍,则急走山中,连拔大树以自娱。当乱世,惟恐有知其名者,以父六十岁生故,人但以六十呼之。明府军卫卒陈忠应天人,膂力绝人,能浮江游百里,尝于神烈山即孝陵擒两虎。主将忌其勇,与有隙,锁禁营中,欲致之死,忠夜断索遁去。其妻沈亦有勇力,家居仓巷,盗数十人入其室。沈挟铁枪守楼门,盗不敢近。忠后隶浙帅胡宗宪麾下,屡与倭战,洊升至参将,斯名与位称矣。

第二节　国朝武侠

江宁甘凤池者,拳勇之名闻天下,而状恂雅如书生,尝于小门口横肱石上,经牛车碾之,了无伤痕。醉后与人角技,以酒瓮倒立于庭,两指持竹竿,一足立瓮底,令众曳之,屹然不动,及手一开,曳者皆颠。后因十庙观剧,为跛丐所窘,自是不敢复使气。卒葬凤台门,表曰"勇士甘凤池之墓"。其徒罗彬文,上元人也,能尽师之技。日暮行山谷中,徒手搏五狼,皆毙。然不好与人竞,每曰"今之习拳者,以善斗为勇,夫所贵乎勇者,为人排难解纷,抑豪强而扶孱弱也,必待斗乎,则所为卑不足道矣"。是言也,非所谓大勇若怯乎!后有上元汪汝桂,字燕山,幼有奇力,饮啖兼人。咸丰癸丑之乱,与张继庚谋内应,事泄而逃,追者至,手批杀一贼,掷过濠,余贼骇退。既出投营,为巡抚赵德辙戈什①。耻以武弁进,乃保县丞。赵抚卒,只身送其眷累还山西。已而入湘军营,屡立功,尝恃力以陵人。将进官知府前一夕卒,或曰为同侪忌者所暗伤,则不知韬晦之过也。恃力者举以为戒焉,可矣。

第五章　本境忠孝

第一节　明季忠烈

金陵为节义之乡,自明以上,为国捐躯,一瞑不复顾者,已散见于世族、仕宦诸考中矣。崇祯末年,闯、献倡乱,毒流天下。梁志仁南京卫籍为罗田知县,刘旋上元人为崇宁知县,皆以骂贼而死,城亡与亡,守土之职尽焉。迨其喋血,京师攀号莫及。汪伟字叔度,上元人,赐谥"忠毅"以侍从讲官,夫妇同殉。以及徐郎中有声南京太医院籍、赵御史諟上元人,俱被执不屈,叫谓临难无苟免矣。既而,张贼遗孽孙可望肆扰滇南,陈六奇南京龙江卫人,官南宁知县与焦润生见《世族》,效命曲靖,亦疾风之劲草也。若夫我朝宽大开基,凡吠尧者皆弗罪,则童仲揆南京孝陵卫人,充四川援剿总兵于辽河战没,徐国全中山王裔孙,以南京勋卫为辽东屯田都司与辽阳同亡,陈虞孕之殉山东虞孕,上元人,官济南同知,李一龙之殉白沙河一龙,上元人,以参将守扬州,非所谓以死勤事者耶!至于鲁、桂诸藩,

① 戈什:意即"护卫侍从"。

倔强边圉,孤忠亮节,百折不回。刘世勋上元人,鲁王时安洋将军致命于舟山,张名振南京锦衣卫人,鲁王时封定西侯,尝率海师入长江,至观音门望祭孝陵陨星于芦礨在浙江海岛,闪知愿江宁人,桂王时官待诏,魏豹上元人,桂王时靖东将军从至缅甸,均与咒水之难,流离颠沛,视死如归,不已与日月争光也哉!

第二节 国朝忠烈

国朝定鼎之初,吴、耿诸藩相率叛乱,陇、楚、闽、皖各省与难者,间有其人。如郧阳守备刘斌、宁夏守备顾来鹤、镇远守备卜世俨、仙霞岭参将姜山、安徽太平知县王仁锡、福建仙游知县梁嵋,皆捐躯于城守者也。嘉庆教匪之役,上元张瑛从九职衔,投效加等赠恤死于商州,江宁哈国珑凉州游击死于洵阳,皆给世职,祀昭忠祠,其哀荣亦云至矣!若咸丰癸丑之变,天地晦暝,慷慨殉义之徒,指不胜屈,兹略志其表著者。上而官弁,则有陈景元上元人,官督中营把总,退休,闻子沄阵亡,投水死、海定国上元人,与子成龙、从龙皆武举人。金陵陷,定国、成龙战死,从龙后殉六合之难、张攀龙上元武举。道光壬寅,英夷舟泊下关,奉上官命往来议款抚事,遂定积功至京口副将。咸丰三年,与贼战于蚂蚁窑,中伏死。若而人中而士流,则有王金洛字蔗香,上元诸生。善拳勇,城陷,洞开所居门,贼来,即叱斩之,凡杀十二人,一贼逸去。金洛度其必复来,乃尽驱家人赴水,适遇一贼,捽之入陂塘同死、柴沂字鲁泉,江宁举人。城初陷时,见人以绛帛裹首,怒叱之,入室自焚死、汪星垣字渔村,上元诸生。习静于清凉寺,贼至,寺僧以病佣对。星垣曰:"我秀才也,亦无病。"遂大骂,贼杀之。若而人下而编氓,则有高熊举江宁人,闻城陷,移八瓮于庭,率家人冠服祀祖,礼毕,投水死、葛铺江宁瘍医也,居高井。贼据城,求医急,铺虑为所迫,异二棺于庭,与妻坐其中,召邻人饮以酒,嘱为埋骨,遂偃卧不起。邻人不得已,掩棺瘗之、蔡顺江宁中城地甲也。

贼问以富户所在,不答,拂衣起。贼怒曰:"尔何往？"顺曰:"我大清地甲,岂为逆贼用乎？我还我家耳。"贼益怒,肢解之。若而人其事,至近尤足以激顽起懦,若欲揽其全册,则有高德泰字子安,熊举子所辑《忠烈备考》在。

第三节　孝行纪略

孝,庸德也,江南士庶率敦内行,有不可胜书者矣。然闾里表章,绰楔具在,应亦究其所自来。西华门三条巷有仁孝里,则明赵拱辰所居也。课徒养亲,不事远游,祝给谏世禄,称为世之真儒家之孝子焉。金沙井有高孝子巷,孝子名官荫,四岁即知孝道。父病痢,不食,亦不食。母疾笃,食不下咽,以口度药饮之。夜则祷天请代,刲股以进,母愈,而官荫死,时年甫十六也,雍正十年旌其门。雨花山有孝子坊,所以表钱士扬之墓庐也。士扬少孤,七岁时母病卧,不能兴,邻火起,自塾奔归,抱母痛哭,火顿息。母没,守墓三年,有白鸟巢树之异,登梅冈者犹能言之。磊功巷有孝子坊,所以表郭鸿之居宅也。鸿字云川,家极贫,曲尽孝道,冬晨趋市买粥奉母,往来不避风雪,数十年如一日。母疾屡危,祈天乞算,竟至九十余乃终。嘉庆中,学使汤金钊以优贡举,并赠以联,里人为刊《庸行图》,今犹有见其书者。凡此数人,沧海之一粟耳,顾乃牵连得书,盖以地存其人云。

第六章　本境高隐

第一节　仕隐

身依魏阙,心系江湖,日侍天子之前,常怀匹夫之志者,世有之矣。溧水东庐山有汉严光隐迹,地虽近于金陵,而人非土著,要不足以当之。南朝陶弘景字通明,号贞白,秣陵人为齐诸王伴读,挂冠神武,句曲隐居。梁武帝笃念故交,书问不绝,军国大事,悉以咨之,"山中宰相"之称,名实固相称也。陈遇字中行,上元人以伊、吕、诸葛之才,明太祖引入帷幄,宠礼优隆,不受一官。车驾屡幸其第,或呼先生,或称君子,刘青田有其计划,无其清高焉。徐霖字子仁,江宁人则诗歌词曲名重陪都,明武宗南巡,幸其快园,召令侍直应制,文字讽谕之意为多。敕授以禁近之官,固辞不就。虽若俳优相畜,而超然无累,士林高之。国朝秦承业字易堂,江宁人,大士子,以传胪官司业亲为帝师,殚心启沃,语言直率,不合时宜。道光初元,复蒙起用,侍卫远迓,克食御馔也频颁,自以业在诗书,不谙钱谷,授司空不拜,赐甲第亦辞,老疾放归,施德乡里,追谥"文愨",洵无惭也。诗有之,高山仰止,景行行止。若四君者进则凤举,退则鸿冥,非所谓求志达道者耶!

第二节　高节

《易》曰,不事王侯,高尚其事,其在鼎革之际乎。齐梁代兴,英才奋迹,诸葛璩南琅邪人安贫乐道,不就征辟,夐乎其不可及已。宋陈铖建康人擢登上第,不附权门,国亡隐于慈湖,所著诗文止书甲子,靖节之流亚也。元王元吉,奇计擒盗,御史中丞福寿,能用其言而不能用其身。会明兴,嘿不言世事,隐市尘中,与李诃自号樗散子、郝伯常自号青溪钓翁,其清迈并绝俗矣。建文革除之朝,倪遘上元人,受业于方孝孺以株连被害,其子德隐居于乌龙冈,与方矩上元人,亦孝孺弟子筑云涧亭于倪塘,有同情焉。明社既屋,倪给谏嘉庆字笃之,江宁人、贾郎中必选字徙南,江宁人、陈侍御丹衷字涉江,江宁人,咸蓄经纶之才,而安肥遯之运,学儒学佛,吾无间然贾研义经,著有《松荫堂学易》;倪为僧,名笑然;陈为僧,名道昕。同时又有笔架和尚,人以称蔡太守屏周者也。屏周上元人,前知大同府事,与同官二人见内臣张彝宪,二人跪,屏周独挺立,众呼笔架太守。及国亡,祝发,仍岸然自异,故易太守为和尚云。至如王之辅字左车,上元人,秉性孤介,学业淹通,自呼曰牢、曰楚囚,颜其室曰蕲庵。生子三,长曰丏,次曰尸,少曰辇。桐城方文规其太怪,乃改字曰概、曰蓍、曰臬,终不令其应举。是固与张怡、顾梦游辈均见《世族》后先媲美者也。

第三节　狷士

语云:"尧舜在上,下有巢由,士之怀才不仕,必其有狷洁之行者也。"江宁汪士铎字梅村,晚号悔翁研精经史,以乡荐赴京师,流连山水,不谒要人。咸丰中,入湖北巡抚胡文忠公林翼幕,其座主也。每遇保奖,力辞不就。曾文正公国藩初督江南,上书论事,文正公极重之,谓此老乃严君平、管幼安一流人物,非迂儒也。江宁复后,历任督抚皆加宾礼。年几九十,著作等身,学使黄体芳以宿儒荐,加国子监助教衔,人以为稽古之荣焉。上元吴复成字蔚堂,行六,人呼吴六[①],贾粤最久,金陵陷,辗转贼中,与其酋操粤语,酋信之。招织匠开缎机,文弱者藉以匿迹。又造船运薪,出入于水关间,载妇孺以潜逃,所活几及万人。与张继庚谋内应,事泄逃免。湘军围金陵,蓄发为谍者,得贼曲折,悉以告。雨花台之役,大败忠酋,复成侦探之功

---

①　与作者所撰《凤麓小志》有异。"有吴长松者,一名复诚,字蔚堂,行六,人皆以吴六称之"。

也。俄以金陵克复,保至县丞,自谓非莅官才,行贾如故。二君者,皆可以仕者也。而量己守分,不屑与奔竞为缘,其儒中之郭泰、商中之弦高乎?

第七章 本境宗教

第一节 道教一

老子,道教之宗也。其言曰:"天地尚不能久,而况于人乎?"盖古之隐君子焉,自茅盈、鲍靓辈出,乃有炼形气、造符箓诸说,最后斋醮祈禳、幻术繁兴,大率方士之黠者为之。金陵有白都山,吴时,白仲都居之,葛玄之弟子也,是为建立道观之始。而地近句曲,习道者多入茅山。唐许元长、王琼,皆江宁人,会昌中,召至京师,武宗与谈道要。宋唐淳,建康人,以壬遁法论兵,著有《阴符经注》,是犹未离道德家言也。明应天诸生唐诗,字古峰,喜服气,遇野叟授以内外丹,劝之入山。诗谢曰:"家有老母,世无不孝神仙也。"母死,乃弃家去。上元沈野云得其古峰丹经云。又钟山道士阎希言,住紫霞洞,尝曰:"心无不存之谓照;欲无不泯之谓忘。"又曰:"喜中知止则不喜,怒中回想则不怒。"其言,皆耐人十日思也。

第二节 道教二

国朝道士,多工诗者。钱静嵩,居飞霞阁,峭洁通书史,黄冈杜濬弟子也。王朴山,居隐仙庵,能鼓琴,工吟咏,桐城姚鼐深契之。朱福田,居龙江关朱文公祠,善书画,筑麦浪斋,与诸名士游。此皆涉猎文字,与借神奇以牟利者异矣。咸丰癸丑以后,道观尽毁,今所修者,有剑池山房,在冶山后,故朝天宫之别院也,正一之教宗之。又有洞神宫,在淮青桥,宋之三神祠也,全真之教宗之。师弟相授,实繁有徒,藉延旧传于一线。彼北极山之真武观、信府河之玄帝观,以及钟山之三茅宫、幕府山之三台洞,不过列为附庸而已。

第三节　释教一

金陵之有佛刹也,自西域康僧会入吴始,所居者为建初寺。其后,晋有瓦官寺,则支道林居之[①];高座寺,则帛尸密黎[②]居之。宋有祗园[③]寺,则求那跋摩居之。齐有草堂寺,则慧约居之,皆传净土正法。独梁时宝志建开善道场,好为谶记,俗曰志公符,殆深于七纬者与。当是时,达摩至建康,与梁武帝谈禅不合,折苇渡江而去,居少室山,为东来初祖。演阐顿悟,接引英彦。唐初,有懒融者传其别派,居南郊幽栖寺修道,以其在江宁牛首山,号牛头宗。融传智严[④],严[②]传智[③]方,方传法持,持传智威,威传智[④]忠,禅家谓之"牛头六祖",今之祖堂山所由名也。至南唐时,清凉寺僧有文益,人称法眼灯,实为五灯之第四云。

第四节　释教二

太史公谓"附骥尾而名益彰",斯言诚是也。梁同泰寺僧志寂,以简文帝之志铭传。唐高座寺僧中孚,以李白诗传。宋

---

① 与作者所撰《南朝佛寺志》有异。"白马寺,未详其所始,晋高僧支道林居之"。据《景定建康志》:越城在三井冈东南一里,今瓦官寺在冈东偏。晋哀帝兴宁二年,诏移陶官于淮水北,遂以南岸陶地施僧慧力为寺。

② 帛尸密黎:应为"帛尸黎蜜"。

③ 祗园:应为"祗洹"。

④② 严:应为"岩"。

③④ 智:应为"慧"。

蒋山寺僧道光,以王安石诗传。元龙翔寺僧大昕,以虞集诗传。盖彼皆知亲文士,故文士亦乐于传之。然而,堕落言诠矣。其间惟龙翔寺乃元文宗潜邸所改建,僧皆衣黄,实为集庆路一大刹。当明兵下江南时,诸衲星散,怀信独跌坐不动,兵以为异,皆投仗拜。太祖幸其寺,改名曰"天界"。其僧侣有碧峰者,太祖召问佛法,奏对称旨,命别建寺处之今南门外碧峰寺。视彼灵谷寺僧宗泐,以小诗阿谀高后,称为马如来者,不洵可鄙乎哉!

第五节　释教三

大抵江南释教,一盛于南朝,再盛于胜国,如灵谷、报恩、静海、香林、普德、承恩、封崇诸寺,庄严楼阁,龙象护持,至明季而极。鼎革之际,钟簴不惊,缁流之焚修如故。故臣遗老,往往遁迹,芯刍有扫叶僧者,龚贤之别号也,国亡祝发,自建楼于清凉山巅,以逸民终。固不独笑然、道昕辈皆见《高隐》,采西山之薇蕨,致令栖霞一带以七十二茅庵传也。

国朝乾隆初,永济寺僧兴洞,字默默,语言朴讷,不诵经典,南巡迎驾,年近百龄。每劝人保固精、气、神为养生主,盖僧之善摄卫者。嘉庆中,水月庵僧镜澄,擒获妖人方荣昇,助淮商立崇义学塾及老人、清节诸堂,敕建正觉寺居之寺在三条营,则僧名而侠行也。

第六节　释教四

道光中,华藏庵僧玉洁,修龙池袾之渐教,尝作百八偈以明其学之等级,所谓净土也。后有天界寺僧凝空,能知未来事,人呼风和尚。尝语某生曰:"君读书人,知释家禅定,即大学之定否？定生静，静生动，我入定至五更，照见城中，吉凶瞭然，往年水火劫为定时所见，犹小也。五年后，大劫又至矣，惟积善乃可免耳。"咸丰三年正月初，积薪自焚，未十日而贼至。自是而后，江南塔寺扫地尽矣。同治中兴以来，诸山虽各有补葺，而梵宇琳宫足为一城之冠，莫如毗卢禅寺。方丈衣钵，戒坛香烟，锡履纷纭，相承不绝，则湘军之功德海也。

第七节　回回教

回回教出于阿剌伯，自隋开皇中，撒哈八撒阿的干思葛始入中国。元时，征服印度种人，列于蒙古之次，渐流徙于江南，其教有经六千六百六十六章，字兼正、草、隶三体。

国朝康熙中，金陵刘智撰为《天方性理》《礼典》二书。其徒曰江宁教门，有改、团、买、索、哈、达诸姓，散居于石城、三山二门之间，七家湾、下浮桥二处尤多。所建清真寺俗谓之礼拜寺亦分地段，皆以阿浑俗谓之老师父主之。教门人性最刚劲，喜拳勇，结交群少年，动以豪侠自矜。咸丰中，贼据金陵，张继庚谋内应，刘隆舒、宛正龙皆与其事，死最惨烈。其投效军营者，武生马天骅、公骅兄弟随总统张国樑冒阵死，是皆乱世以节见者也。案，回族之居江南已数百年，仕宦如伍、蔡诸氏，婚丧礼俗，皆与华同，其余则守其本教，不肯稍变，于四民中最善贾，凡售玉器、氈皮诸货，下至糕饼、茗荈，率为其人，盖居齐民中十之一二云。

第八节　天主耶稣诸教

天主教出于意大利，明万历中，利玛窦始入中国，其徒王丰乐、阳马诺居南京，传教于里巷小民，礼部郎中徐如珂逐之出。丰乐旋变姓名，潜入南京，传教如故。福王时，有陈于阶者应天人，以儒士为阁部，史可法所荐，官钦天监挈壶博士。南都覆，慨然曰："主辱臣死，吾官虽卑，敢贪生乎？"夜半，礼天主堂，自经死。此教人之忠烈者，足为耶稣生色矣。

国初，慎选灵台，除司天外，平民仍加禁锢。迨咸、同后，互市订约，准外洋人传教内地。于是，法兰西牧师复建天主堂于罗寺转湾，而英美诸医院又以耶稣教传。凡本境人入其教者，率皆驯谨守法，讳莫如深，不似他省之恃符行强，欺压里党。元、宁两县所以绝少教案者，职是故尔。

第八章　本境贤媛

第一节　宋明贤媛

史乘终编，例载列女，而偏于节烈一类，夫节烈岂足概妇人之能事哉？蕴之为性情，恢之为学问，离象承坤则所取，固在文明矣。宋赵定母，江宁人也，博通经史，教授生徒。定，举景德二年进士，除海州从事。母诲之曰："毋饰虚以沽名，毋事佞以奉上，处内在尽礼，处外在治民。"定从其教，为政有名。曹大家之女诫，不是过也。明黄善聪，金陵女子也，居淮青桥。少丧母，父贩香为业，令易男子装，随游庐、凤数年。父死，善聪变易姓名，与同县人李英共贾。及返里，年已二十，往见其姊。姊以男女乱群责之，善聪以死自明，察之，果处子也。相将痛哭，为复女装。明日，英来，知其故，告母求婚，善聪不从，曰："如归李英，若瓜李何？"有司闻之，助以聘礼，判为夫妇。扑朔迷离，木兰之踪迹。近之，崇祯时有毕著者，江宁王圣开妻也。父官蓟州，战死。著率锐卒劫贼营，手刃其渠，夺父尸还，葬于龙潭。巾帼而甲胄，与秦良玉、沈兰英鼎足而三矣。

第二节　国朝贤媛

王贞仪，字德卿，上元王者辅之女孙也。者辅以知府谪戍吉林，贞仪随往，学骑射于蒙古阿将军之夫人，兼精壬遁、星算之学，诗文皆质实，说理辟浮屠尤力。适诸生詹枚，年甫三十而卒，嘉定钱宫詹大昕以为班昭以后一人而已。时同乡女子该博者，有幔亭山人周榘二女：长斯庄，适李世俊，居虎踞关，以任恤闻，今其地犹名笃义里；次斯敬，适濮绍谟。二女俱善天文，能制天球图。斯庄女适朱诺，熟华严字母，并工擘窠书，其明慧也如是。夫义方之教肃，则母道尊；男女之别严，则家道正。孝而以勇济之，道既兼夫文武；艺而以学纬之，道更贯夫天人。其在《易》曰"黄裳元吉，得中道也"，而何拘拘于苦节之贞也哉！

卷六　物产

第一章　本境植物品

第一节　田谷

金陵之田宜芒种,无粟、黍、稷,季秋种麦,仲夏种粳糯稻,其常也。北郊多山,自幕府、钟阜迤东,天印、牛首,南达于朱门,大山碨礧,小山陂陀,络绎相属,皆垦其平者为田。溪涧所经,筑塘坝以蓄水,非大旱潦,率得中稔。若无雨之岁,则又多种芋魁、荞麦、蜀黍、薯蓣、甘薯,以济其穷,是之谓山乡之农。至于田之滨江者,筑土御水而耕其中,曰圩滨。秦淮者亦然,由句容赤山湖,历山岔、杜堎、湖熟、龙都至西北村,其间丹阳、永丰二乡,两县之上腴也。三山门城濠之水北,酾渠通上新河者曰所河,明典牧所之屯田处也,其地为沙洲南圩。又北分上新河一支,自东而西入江者,曰北河口,其地为沙洲北圩。二圩膏沃甲一郡,兼有鱼、蟹、虾、蛤、葭苇、菰蒋之饶。然苟霪雨不止,江潮泛溢,则防护为难也,是之谓泽乡之农。

第二节　稻米、桑丝

乡民胼胝耰犁,粗足衣食。田多而近郭者,碾米以入市,其聚处谓之行,皆在聚宝门外。或泊米船河下,不入行,行人径与量,概升斗最准,曰河斛。稻米佳者,北乡观音籼,以产观音门得名。而金牛洞红莲稻,色微赤而香,上至溧水,率多此种,谓之"到地南乡",今曰黑稻米、洋尖颗,其变名也。城中户口殷繁,本境所产不能果数月腹,于是贩和州、庐江、三河运漕之米,以枭于威凤、石城、三山门外诸铺户,群以外江米目之。近年以来,价增于十载前者三倍有奇。非尽由荒歉致然,其漏卮固别有在也。噫!

农殖之余,土各有宜,与谷并种,厥木为桑。南乡之民朴勤,率以饲蚕为业,朱门及横水桥人,比户皆然。每当春季,遍野绿阴,雨润叶浓,罗纨争腻,登梯采之,筐筥、剪刀相属也。茧成缲釜,负以入城,行户收买,谓之土丝。微粗于湖州之产,织缎之纬用之,不中经仄声材,以其未染色也,谓之白货。其质非上品者,盖桑非湖种,饲养不尽如法耳。今自蚕业有学堂,教民接树浴茧之法,沃若兴歌,贸丝者其毋忧食贫乎?

第三节　蔬菜

灌圃之业,较农为优,田畴纵横,间以畦畛。城中西北五台山、干河沿一带,皆有稻田、蔬圃。而蔬圃之衍沃者,则在城南旧王府明太祖潜邸也,东花园、万竹园徐中山王别墅也,张府、郭府诸园、明勋臣宅第也。昔年华屋,废为邱墟,水土肥腴,农民是力。每当晨露未晞,夕阳将落,担水荷粪之夫,往来若织,不肯息肩,力耕者逊其勤矣。其蔬种若菠稜、莴苣、油苔、蒿苋、瓠瓜、豆荚之属,皆与他郡同,即旧称"板桥萝卜善桥葱",亦虚有其名。而初春黄韭芽,首夏牙竹笋,秋菘之美者以矮脚黄名,冬日则有瓢儿菜、雪里蕻、白芹,可烹可菹,其甘媚舌,最为隽品。至于荠菜、苜蓿、马兰、雷菌、蒌蒿诸物,类皆不种而生。村娃稚子相率成群,远望如蚍蜉蚁子,蠕蠕浮动,挈筐提笼,不绝于途。而茭、蒲、菰、蒋,宛在水中,取之者又必解衣赤足,如凫鹥之出没,是固农业之别派也。

第四节　柴薪、木炭

金陵之城,背山面水,丛林灌莽,樵薪者资之。江洲绵亘,自上元宜昌上溯,上下六段、飞花、八卦、七里、印子;下至江宁永定、绶带、凤林、大胜、三山、烈山、救济诸洲,皆产芦无、蒲莞。其鬻于城中者,由西水关运入。江荻则坚而实,葭苇则粗而空,其引火最易,居家者喜用之。若南入聚宝门者,多叶柴;北入太平门者,多山柴,有栎、有樗、有橡、有楮、有枫、有松毛,皆不材木也。其余则红茅杆、豆秸、秫秸,又杂取于原隰,或担以人,或驮以驴,率送至人家而止。市肆中喜用之,为其宿火深也,亦各从其便而已。

木之至贱者,莫如栎,烧以为炭,可以佐炊。南乡朱门人,业此者夥矣,承以椭圆之筐,植立如束,亦驴驮、肩挑而鬻诸市。居人岁除、元旦祀神,必炽之于盆,谓之"元宝火"。平日则用以烹小鲜、煮沸汤;又有狮子头、猴子头,炭烧树根为之,是皆与柴薪同功者也。

第五节　花、竹、果、药

花、竹、果、木,物品之清者也,江南地最宜之。城内五台山,民善植梅;宝林寺僧,善种牡丹;鸡笼山后,人善蓺菊;城外凤台门,花佣善养茉莉、珠兰、金桔,皆盆景也;清凉山北,多竹与桂,竹笋宜食,品桂则穿为毬,以助妆饰,干乃售诸糕饼之肆。南乡张山、朱门山产铁线兰,云台山产品字兰。东北玄武一湖,巨浸也,其湖滩宜樱桃、林檎、苹果;而湖中芙蕖为一大宗。沙洲圩民与争利,或售藕,或售叶,城关不得阑入,至悬为厉禁焉。

摄山、天阙,俱产银杏,所谓鸭脚子也,俗呼白果。钟山多药材,首乌、沙参、玉竹、黄精、苍术、百合诸种,土人类能采之。又有骨牌草者,点肖其牌云"能治劳瘵",《本草》所未载也。山阳曰孝陵,懿文园产太子参,厥土宜瓜,小而甘,谓之"卫瓜"。迤北曰姚坊门,产大枣,实硕而甜,以其地氏之曰"姚枣"。南乡魁栗,大如儿拳,以其时名之曰"桂花栗";大板红菱,入口如冰雪,角两而非四芰也。余如桃、李、梨、榴、葡萄之属,随处可植,非一隅所得私,略之可矣。

第六节 茶树、泉水

牛首、栖霞二山,皆产茶,生于山顶,以云雾名。寺僧采之,以供贵客,非尽人所能得。惟城西五台山茶树,本不高而叶茂,同治初,江宁涂太守宗瀛所种,尚有数十株耳。然品茶必先试水,钟山一勺泉、嘉善寺梅花水、永宁庵雨花泉,水中之清品,地僻不可常致。江水离城市亦远,河水则污浊不堪,居民汲饮,每以为苦。惟雨水较江水洁,较泉水轻,必判分昼夜,让过梅天,炭火焯之,叠换缸、瓮,留待三年,芳甘清冽,车研诗所谓"为忆金陵好,家家雨水茶"是也。

第七节 异种花木

静海寺西府海棠,高大蔽数亩地,花开如锦绣。明永乐中,太监郑和自西洋携归,建寺时植诸殿墀中者也。报恩寺有五谷树,稻、麦、黍、稷、菽五种具备,可以占年。普德寺有娑罗树,干直而多叶,叶必七数,一名七叶树,茎青紫而花白,与月中倒影相映。皆云来自海外。又牛首山郑太监坟,即郑和埋骨处也,植红豆树一株,干叶作碧绿色,结实如红豆。是数种者,予幼时犹及见之,今俱濯濯然矣。近有石明屋树,叶如槐而枝绵韧,开小白花,结实梅子,大盖美利坚之种。左文襄以贻桑根先生,先生植诸龙蟠里薛庐中,构美树轩以志其所由来云。

第二章　本境动物品

第一节　猪肉、牛羊

猪肉,中国人贵贱之通食也。金陵南乡人善豢之,躯小而肥,俗名驼猪。岁暮始宰,以祀神、供宾客、给年用,非市中所常有。其皮厚肉粗,间杂以臭恶者,皆贩自江北之猪。必稍稍饲之然后杀,始无此病。业此者谓之屠户。日出时,踞厚木之砧块分之,悬诸钩以俟买者,谓之案子。食时则彻去。取豚蹄、舌、尾、肠、肚入于釜熬,陈久之汁浸之,烹之列于案,谓之熟切,晚餐者资之。或有取肉数片置诸小缶,入水满之,不用盐,纳于爨火中,与饭同熟,谓之罐肉。南门桥饭铺中所具,以供往来行旅者也。

羊有二种:绵羊大尾而肥,山羊骈角而羶,以连皮、剥皮分之。唯冬月始入市,他时则否。屠牛向有厉禁,回民每于下浮桥、七家湾等处窃卖之。皮则乘日未出时,在笪桥南交易,皮市街得名以此,今曰"评事",讹矣。私宰之律,近虽因外国人馈牢而弛,然居人食此者卒鲜。

第二节　鸡、鸭

鸭非金陵所产也，率于邵伯、高邮间取之。么凫、稚鹜千百成群，渡江而南，阑池塘以畜之，约以十旬，肥美可食。杀而去其毛，生鬻诸市，谓之水晶鸭。举叉火炙，皮红不焦，谓之烧鸭。涂酱于肤，煮使味透，谓之酱鸭。而皆不及盐水鸭之为无上品也，淡而旨，肥而不浓。至冬，则盐渍日久，呼为板鸭，远方人喜购之，以为馈献。市肆诸鸭，除水晶鸭外，皆截其翼足、探其肫肝零售之，名为"四件"。唯鸡亦然，桶子鸡者，冬日之珍肴也，味与初春盐水鸭同，其腹中所有，菹而沽之，曰"杂碎"。操是业者，半系回回人。

第三节　鱼物

大江，鳞物之府也，其次则玄武湖，水深鱼乐，自畅其天。余若塘洑、沼池，皆可种子。惟沟渠所拾，类有土气，则地之不宜也。渔人网得诸鱼，贩者受之，以转鬻于市。南市在沙湾，中市在行口，北市在北门桥，夹道布列，皆鱼盆也。粗而肥大、鼻长数尺者为鲟鳇；白而无鳞者为鮰鳞；金色而脊黑者为青鱼，深黑者为螺蛳青；巨口细鳞者为鳜；首有七星而黑者为乌鱼；颁首而腥者为鲢，鲢有皂白之分，皂者则尤腥也；鳞细而身扁者为鳊，小头而身极阔者为缩项鳊，俗曰鳊者，缩之讹也；脊隆而黑，至冬尤美者为鲫。春有刀鲚，夏有鲥，秋有蟹，皆以时荐新者也。口有须而金色者为鲤；长身而细鳞者为白鱼；似白鱼而稍粗者为鳡，亦以冬鲜者也。河豚禁不入城，为其有毒中人也。石首谓之黄鱼，向唯五月有之，惧其馁以冰护而至。今自江轮通行，来不拘时矣。

花鱼，向止金鱼一色耳。近年灯笼巷、汤园所豢，有朱如猩红者，有白如银者，有碧如翠者，有斑驳如玳瑁者，有透彻如水晶者；有歧尾者、有三尾者、有四尾者，有尾上带金银管者；有突眼如龙者、有眼生顶上者。游泳翔戏，盆盎中不能容也。乃广开沼池，与鸳鸯、鸂鶒并畜。物固聚于所好，今则园易主，而聚者散矣。

第四节　群鸟

燕，乙鸟也，春分来，秋分去，王谢乌衣巷实其旧巢，今则飞入寻常百姓家耳。莺即黄鹂，一名黄栗留，身小而音脆，喜栖柳树。土人以老鹰为莺，因声近而讹也。鹁鸠唤雨姑，恶鸟也，俗呼水鸪，夜半鸣声最惨，其子规之类耶。时语鸟音随时转，或曰"刮锅"，或曰"麦黄快割"，以意揣之，皆合。来值鲥鱼之候，故又呼鲥鱼鸟。鹭鸶，古名春锄，好林栖。昔古林庵有鹭鸶厅，亦或巢邓氏万竹园中，今其地皆圮。唯后湖水边有之，近洋人取其缨以为饰，时来猎弋，不敢来矣。寒鸦早出觅食，暮作阵归，其声哑哑，居人取以为作息之候。鸽有青、白二种，春晴高放，时闻铃声，禽中之玩物也。秋日小鸟有黧黄色者，曰"必利"，雄者最善鸣，啁啾有致。其身大者曰飞花，打弹衔旗，供人指嗾。霜高雾浓时，捕得之，与了歌、柳颠、画眉、百灵、八哥、芙蓉鸟杂鬻诸市。市在王府园，竹笼、木架、铁叉排比若栉，豢养随宜。非若黄雀、雉凫，徒供食品而已。

第三章　本境矿物品

第一节　石沙、砖瓦

石，天然品也。雨花山所产多五色，雨后寻之，必获其佳者。碎玉零珠，可以供几席之玩。彼粗丑之质，筑园亭者以砌石道，固别有野趣焉。栖霞山石，凿之皆圆，实中碾磨之材，厥性坚刚，江北修河堤时率来取之。砖瓦者，人工所为，而亦石之类也。乌龙山、西善桥人皆善陶，取江滩之泥，范而烧之，盖屋乘埔，各适其用，谓之窑户。近则钟山之麓，有土腻黏，陶为砖瓦，质尤细致。凡造洋式房屋者，咸资于此。若江沙，又石类之至微者，必乘潮退时淘之极净，辇以入城，学堂操场及通衢马车路，盖有用之不竭者已。

第二节　矿物

大凡石山，必有矿石者，矿之精也。明万历间，矿使四出，而金陵独免者，以孝陵山脉所系，无敢创此举也。

国朝乾隆中，山民倡议开采，为江宁知府沈孟坚所沮。同治初，商人两以为请，始则杨太守钟琛止之，继则李制军宗羲斥之，皆怵于破坏风水、聚众滋事之说耳。今兹厉禁大开，龙潭、摄山一带均已试办，其察看有矿苗者则铜。夹山之铜，十二洞之硃砂，宝华、幕府、青龙等山及兴安、排头之柴煤、烟煤，皆上元境也。地不爱宝，拭目俟之。

第四章　本境食物品

第一节　每日食品、酒品

金陵民,日三食。屑麦糯和糖霜、调盐酪,巧制汤饼、馄饨、糍团、油炸诸品,晨食之,曰点心。点心者,唐[①]人语也。贫者则取釜底焦饭以代,俗呼"锅粑"。明遗老黄九烟酷嗜之_{九烟名周星,上元人},人称其为"锅粑老爹"者以此。早餐例不食粥,粥唯有疾者食之。夏昼极长,则下午增一小餐,谓之中点心。果饵有煮菱、熟藕、糖芋之属,粉粢有茯苓糕、黄松糕、甑儿糕之属,市人担而卖之。甑儿糕者何?削木如小瓶,实利糯米屑于中,递蒸之使融,于老少无齿者最相宜也。午食稻饭,晡时亦然。馔用羊、豕、鸡、鹜,佐以瓜、蓏、蔬、茹,又盐制竹笋、莴苣、莱菔、生姜、豆荚各种,曰小菜,以为庶羞,此食之丰美者也。寒俭家则仅供草具,肉食有期,谓之当荤。

寻常下酒之物,市脯之外,有以油炸小蟹、细鱼者,或面裹虾炸之,为虾饼;或屑藕团炸之,为藕饼。担于市,摇小铜鼓以为号,闻声则出买之,至便也。有大宴会则设筵,贵者大小十六献,用海菜至鲨鱼翅而止,燕窠不常见也。酒用绍兴花雕,其佳者曰竹叶青,次则镇江百花。供役之庖人,名曰厨子,可雇用,或酒馆中亦能咄嗟办也。今又有番菜馆,杂用华洋诸品,殊形诡制,不可殚名矣。

第二节　令节食品

食之以时,唯令节为最备。元旦祀神,取麦屑揉糖为圆

---

① 作者所撰《金陵物产风物志》:"点心者,宋人语也。"两者有异。

式,蒸之使起,曰发糕;和糯米粉,条分之,曰年糕。其供祖先有饦饠,则取糖馅之饼,四贯以四柱影,堂几上物也,谓之卓面。汤团谓之元宵,以节名也。贺客至,率以芹芽、松子、核桃仁点茶,谓之"茶泡"。茶煮鸡子,以充晨餐,谓之"元宝弹"俗作蛋,非。采芦叶裹糯米为三角形,或杂以红豆,或杂以腊肉,谓之粽。粽,角黍也,是不独端阳食之矣。端阳有五毒菜:韭叶、茭草、黑干、银鱼、虾米也。又取蚕豆炒之,谓之雄黄豆。中元盂兰会夜市,取鲜银杏,铁勺烙之,实青碧若琉璃,色味双绝,谓之烧白果。七月杪地藏会,清凉山麓辄采茅栗,或线穿山查果,如数珠式,儿童竞购食之。中秋月饼,以广东人所制为佳。重阳饮菊花酒,剥巨蟹。蟹之肥者,圩田产也。岁聿云莫,宜备糇粮。取糯米杂沙干炒之,去其沙,曰炒米。蒸而干之,和以饴糖,掬之使圆,曰"欢喜团"。祀灶有灶糖,作元宝状,以芝麻和糖,焙焦之为金,以大麦糖揉之为银,兆家富也。除夕名物多取吉祥,安乐菜者,干马齿苋也;如意菜者,黄豆芽也。守岁时,取红枣、福建莲子、荸荠、天生野菱,煮粥食之,谓之"洪福齐天"。

第三节　盐酱小菜、腐干面筋

盐,淮产也。湖、湘、浔、皖皆用票,唯江宁府属仍食岸盐。缉私者于酱园造酿,则以缸计。酱有甜、咸二种,以豆、麦为别,各种小菜皆渍于其中。承恩寺僧有业此者,号阿蓝斋,芦姜、豆豉所制最精。阿蓝菜一名阿腊,形如荠,味辛,必去汁,渍以盐,始可食。高座寺僧尝蓄以为菹,承恩寺斋名之所由称也,今则失其传矣。双桥门产大头菜,似莱菔而辣,茎叶离披,包之以盐,广东贾客争购之。冬月寒菜,则无论贫富人皆蓄以为旨。芥菜亦然,雪里蕻其一种也。

取芥菜盐汁,积久以为卤,投白豆腐干于瓮内,经宿后煎之、蒸之,味极浊;嗅之有别致,可谓臭腐出神奇矣。江宁乡白塘有蒲包五香各干,以秋油干为佳。秋油者,酱汁之上品也。味淡可供品茶,故俗呼"茶干"。磨坊取麦麸揉洗之成小团,炙以火,张其外而中虚,谓之贴炉面筋,物虽微,而行最远焉。

第四节　茶品、酒糟

茶社小品,干丝为良。取百叶干片缕切之,浸以酱汁,点以生姜,厥味清腴,南门城湾观音庵僧善制之。报恩寺僧能作梅豆,取黄豆以饴糖、红曲煮之,掺以梅子,其色味极鲜妍,向以锅底厥著名地在西天寺后,深如窖,有茶肆,今则各茶社皆以之供茗饮矣。

酒,亦造酿品也。灵谷寺前霹雳沟之水宜之,故孝陵卫所沽者,曰"卫酒"。甜而浓,易醉人,有"迎风倒"之名,即南乡之封缸酒也。又土制烧酒,谓之"大麦冲",城中饮此者甚鲜。蜜糟则瓮贮之,渍鱼、肉于中,夏日食之,谓之糟鱼、糟肉,与醉蟹之不能经久者异矣。

第五章　本境用物品

第一节　木、竹器具

金陵,图书之府也。明时,有南监板,较北监为精工。厥后,豆巷即焦状元巷焦殿撰竑家"五车楼"、马路街黄检讨虞稷家"千顷堂",刊书与毛氏"汲古阁"等。即近时金陵书局所刊之经史,亦在他省上。盖陶吴镇人善于剞劂也,故京师刻木之匠,江宁南乡人居其大半。若北乡石埠桥人,亦善柔治竹木,或檀香,或桃丝,皆扇骨之质也。水磨、模雕,各擅其技,表素洁之纸,折叠之,谓之"苏面",其行远不亚于杭之油扇焉。

第二节　机业

金陵之业,以织为大宗;而织之业,以缎为大宗。缎之类,有头号、二号、三号、八丝、冒头诸名,莫美于靴素,玄色为上,天青次之。其织各色摹本者,谓之"花机"。织工,多秣陵关人。又有绒机,则孝陵卫人所织,曰"卫绒"。其浅文深理者,曰"天鹅绒"。纱机,以织西纱、芝地直纱。绸机,以织宁绸,则以郡名名之,皆缎机之附庸也。贡缎之箱,北溯淮泗,达汝洛,趋京师;西北走晋绛,逾大河,上秦陇;西南道巴蜀,抵滇黔,南泛湖湘,越五岭,舟车四达,悉贸迁之所及耳。开机之家,总会计处谓之"帐房";机户领织谓之"代料";织成送缎主人校其良楛①,谓之讐货。其织也,必先之以染经,经以湖丝为之。经既染,分散络工。络工,贫女也,日络三四窠一束为一窠,绕诸籰,得钱易米,可供一日食。丁食力之中,寓恤贫之意焉。经籰交齐,则植二竿于前,两人对牵之,谓之牵经。牵毕即上丝接头,新旧并系,两端相续。如新置之机无旧头可接,则必先捞范子,然后从交竹中缕缕分出,谓之"通交",而织工乃有所藉手矣。

第三节　染坊、纸坊、闺饰、盒具

机业既兴,百货萃焉。丝经必染,染坊则在柳叶街、船板

---

① 原书此处缺"其良",据《金陵物产风土志》补入。楛,粗劣。

巷左近,盖秦淮西流之水,以之漂丝,其色黝而明,于玄缎为尤宜。至于包裹缎匹,谓之"筒货"。表里皆用绵纸,按广狭计长短,裁制合度,每匹必二十张,所需极夥。故南门桥口及沙湾之纸坊,有专供缎贾月 [①] 者,此皆与机业联事者也。

江南妇人喜妆饰,领标、襟裾诸缘,有金线阑干、旗带花边之属,斌璘错采,类皆出于织工。北城人剪通草、彩绒为花胜,鲜妍如生,或熏麝调铅研脂为香粉佩囊,下邑咸视以为法。今装束已稍稍异矣,志此所以存古式耳。至于馈遗戚姻,其具有提梁盒,凡二层,朱漆髹之,盖其上。凡遇佳节,江北佣妇往来若织,贮食品于其中,是亦闺阁之交际也。

---

① 月:应为"用"。

"南京稀见文献丛刊"
已出书目

1. 《六朝事迹编类·六朝通鉴博议》　　　　　　　　（宋）张敦颐；（宋）李焘
2. 《梁代陵墓考·六朝陵墓调查报告》

　　　　　　　（清末民初）张璜；（民国）中央古物保管委员会编辑委员会

3. 《南唐书（两种）》　　　　　　　　　　　　　　　（宋）马令；（宋）陆游
4. 《南唐二主词》　　　　　　　　　　　　　　　　　（南唐）李璟，李煜
5. 《南唐二陵发掘报告》　　　　　　　　　　　　　　南京博物院
6-9. 《景定建康志》　　　　　　　　　　　　　　　　（宋）周应合
10. 《金陵百咏·金陵杂兴·金陵杂咏·金陵百咏（外一种）》

　　　　　　　（宋）曾极；（宋）苏洞；（清）王友亮；（清）汤濂

11. 《南京·南京》　　　　　　　　　　　　　　　　　（明）解缙；（民国）李邵青
12. 《洪武京城图志·金陵古今图考》　　　　　　　　　（明）礼部；（明）陈沂
13. 《献花岩志·牛首山志·栖霞小志·覆舟山小志》

　　　　　　（明）陈沂；（明）盛时泰；（明）盛时泰；（民国）汪闿

14.《金陵世纪·金陵选胜·金陵览古》

(明)陈沂；(明)孙应岳；(清)余宾硕

15.《后湖志》 (明)赵官等

16.《金陵旧事·凤凰台记事》 (明)焦竑；(明)马生龙

17.《金陵琐事·续金陵琐事·二续金陵琐事》 (明)周晖

18.《客座赘语》 (明)顾起元

19—21.《金陵梵刹志》 (明)葛寅亮

22.《金陵玄观志》 (明)葛寅亮

23.《留都见闻录·金陵待征录》 (明)吴应箕；(清)金鳌

24.《板桥杂记·续板桥杂记·板桥杂记补》

(明末清初)余怀；(清)珠泉居士；(清末民初)金嗣芬

25.《建康古今记》 (清)顾炎武

26.《随园食单·白门食谱·冶城蔬谱·续冶城蔬谱》

(清)袁枚；(民国)张通之；(清末民初)龚乃保；(民国)王孝煃

27.《钟山书院志》 (清)汤椿年

28.《莫愁湖志》 (清)马士图

29.《金陵览胜诗考》 (清)周宝偀

30.《秣陵集》 (清)陈文述

31.《摄山志》 (清)陈毅

32.《抚夷日记》 (清)张喜

33.《白下琐言》 (清)甘熙

34.《灵谷禅林志》 (清)甘熙、谢元福，(民国)佚名

35.《承恩寺缘起碑板录·律门祖庭汇志·扫叶楼集·金陵乌龙潭放生池古迹考》

（清）释鹰巢；（清末民初）释辅仁；（民国）潘宗鼎；（民国）检斋居士

36. 《教谕公稀龄撮记·可园备忘录·凤叟八十年经历图记》

（清）陈元恒，（清末民初）陈作霖；（清末民初）陈作霖，

（民国）陈祖同、陈诒绂；（清末民国）陈作仪

37–39. 《南京愚园文献十一种》　　　　（清）胡恩燮，（民国）胡光国 等

《白下愚园集》　　　　　　　（清）胡恩燮等，（民国）胡光国

《白下愚园续集》　　　　　　（清）张之洞等，（民国）胡光国

《白下愚园续集（补）》　　　　（清）潘宗鼎等，（民国）胡光国

《愚园宴集诗》　　　　　　　　　　　　　（清）潘任等

《白下愚园题景七十咏》　　　（清）胡恩燮，（民国）胡光国

《愚园楹联》　　　　　　　　　　　　　（民国）胡光国

《白下愚园游记》　　　　　　　　　　　　（民国）吴楚

《愚园题咏》　　　　　　　　　　　　　（民国）胡韵蕖

《愚园诗话》　　　　　　　　　　　　　（民国）胡光国

《愚园丛札》　　　　　　　　　　　　　　　佚名

《灌叟撮记》　　　　　　　　　　　　　（民国）胡光国

40. 《江宁府七县地形考略·上元江宁乡土合志》　　（清末民初）陈作霖

41–42. 《金陵琐志九种》　　　（清末民初）陈作霖，（民国）陈诒绂

《运渎桥道小志》　　　　　　　　　　（清末民初）陈作霖

《凤麓小志》　　　　　　　　　　　　（清末民初）陈作霖

《东城志略》　　　　　　　　　　　　（清末民初）陈作霖

《金陵物产风土志》　　　　　　　　　（清末民初）陈作霖

《南朝佛志寺》　　　　　　　（清末民初）孙文川，陈作霖

《炳烛里谈》　　　　　　　　　　　　（清末民初）陈作霖

《钟南淮北区域志》　　　　　　　　　　　（民国）陈诒绂

《石城山志》　　　　　　　　　　　　　　（民国）陈诒绂

《金陵园墅志》　　　　　　　　　　　　　（民国）陈诒绂

43-44.《秦淮广纪》　　　　　　　　　　　　（清）缪荃孙

45.《盋山志》　　　　　　　　　　　　　　（清）顾云

46.《金陵关十年报告》　　　　　　（清末民国）金陵关税务司

47.《金陵杂志·金陵杂志续集》　　　　（清末民初）徐寿卿

48.《新京备乘》　　　　　　　　　　（民国）陈迺勋, 杜福堃

49.《金陵岁时记·岁华忆语》　　（民国）潘宗鼎；（民国）夏仁虎

50.《秦淮志》　　　　　　　　　　　　　　（民国）夏仁虎

51.《雨花石子记》　　　　　　　　　　　　（民国）王猩酋

52.《金陵胜迹志》　　　　　　　　　　　　（民国）胡祥翰

53.《瞻园志》　　　　　　　　　　　　　　（民国）胡祥翰

54.《陷京三月记》　　　　　　　　　　　　（民国）蒋公穀

55.《总理陵园小志》　　　　　　　　　　　（民国）傅焕光

56.《金陵名胜写生集》　　　　　　　　　　（民国）周玲荪

57.《丹凤街》　　　　　　　　　　　　　　（民国）张恨水

58.《新都胜迹考》　　　　　　　　（民国）周念行, 徐芳田

59.《金陵大报恩寺塔志》　　　　　　　　　（民国）张惠衣

60.《万石斋灵岩大理石谱》　　　　　　　　（民国）张轮远

61.《明孝陵志》　　　　　　　　　　　　　（民国）王焕镳

62.《金陵明故宫图考·南京明故宫制度与建筑考》

　　　　　　　　　　　　　（民国）葛定华；（民国）朱偰

63.《冶城话旧·东山琐缀》　　　　　　　　（民国）卢前

129

64.《首都计划》　　　　　　　　　（民国）国都设计技术专员办事处

65.《总理奉安实录》　　　　　　　（民国）总理奉安专刊编纂委员会

66-67.《总理陵园管理委员会报告》　　（民国）总理陵园管理委员会

68.《新南京》　　　　　　　　　　（民国）南京市市政府秘书处

69.《京话》　　　　　　　　　　　（民国）姚颖

70.《南京概况》　　　　　　　　　（民国）书报简讯社

71.《渡江和解放南京》　　　　　　张宪文等

72.《骆博凯家书》　　　　　　　　〔德〕骆博凯

73.《外人目睹中之日军暴行》　　　〔英〕田伯烈

74.《南京》　　　〔德〕赫达·哈默尔, 阿尔弗雷德·霍夫曼